KOMMT ZEIT, KOMMT NAHT.

ich
nähe
also
bin
ich

INHALT

#nähliebe

„Ich näh' mir meine Welt, wie sie mir gefällt!" Gilt das auch für dich? Dann tauche ein in die Welt **#nähliebe,** die in den sozialen Netzwerken unter diesem Hashtag kreative Köpfe zusammen- bringt. Die nähbegeisterten „Stars" dieses Mediums haben ihre Lieblingsmodelle für dich zum Nacharbeiten zusammengestellt – von der dekorativen Kissenhülle, einem stylischen Rock oder einer Weste bis zur feschen Kindermütze ist alles dabei. Oder wie wäre es mit einer selbstgemachten Tasche oder einem prak- tischen Täschchen, das schnell genäht ist? Während du beim Blättern in diesem Buch dein neues Lieblingsstück entdeckst, kannst du **#nähliebe**-Influencer wie u.a. Julian Fiege, Anke Mül- ler von „Cherry Picking", Pauline Dohmen von „klimperklein" oder miriD alias Miriam Dornemann auch gleich ein bisschen persön- licher kennenlernen – sie gewähren Einblicke hinter die Kulissen von Blogschreibern, Instagram- oder Twitter-Usern, die mit Na- del, Faden und Nähmaschine und ihren Kreationen zum Mitma- chen einladen. Hier kannst du entdecken, wie andere zuschnei- den, abstecken, nähen und vieles mehr. Lass dich inspirieren und kommuniziere mit anderen, die ebenso nähversessen sind wie du.

Und dann? Nähe die gezeigten Modelle, wie es dir gefällt: Deine ganz persönlichen Kreationen kannst du anschließend mit allen Nähbegeisterten teilen und unter **#nähliebe** posten. Tausche dich mit anderen aus, zeige deine Kreationen, dann bist auch du Teil der dynamischen Hashtag-Community: Eben voll und ganz **#nähliebe**! Viel Spaß dabei!

mein label: klimperklein

MEINE WELT

PAULINE DOHMEN

Beruf Autorin/Designerin
Berufung Kreative

 f www.klimperklein.de

b klimperklein

klimperklein

entweder/ oder:

NÄHST DU LIEBER...

Webstoff oder Jersey?

Jersey

Bekleidung oder Accessoires?

Bekleidung

Für dich selbst oder andere?

Sowohl als auch

Mit Muster oder Uni?

Mit dezentem Muster

Frei oder nach Anleitung?

Frei

Wie hat deine #nähliebe begonnen, was war dein erstes Projekt?

Meine ersten Projekte waren Barbiekleider in meiner Kindheit, so mit acht, neun Jahren etwa. Aus Burda-Schnittmustern habe ich mit meiner Mama Anzüge und Ballkleider für die Puppen genäht und anschließlich frei Hand Jerseykleider und Bikinis.

Was ist deine liebste Näh-Weisheit?

Gut gebügelt ist halb genäht. Oft unterschätzt und doch so wahr.

Gibt es ein Modell, das du immer und immer wieder nähst?

Oh, einige sogar. Die Wendezipfelmützen, Minutenmützen, Raglanshirts oder Trägerkleider, die ich genäht habe, kann ich kaum noch zählen.

Nähen verbindet – hast du schon Näh-Freundschaften geschlossen?

Unendlich viele! Gerade über die Online-Nähcommunity habe ich allerhand langjährige und enge Freundinnen gefunden.

Was war dein schlimmster Näh-Fehler?

Uh, ein einzelner? Ich hab schon so viel versemmelt ... Der Klassiker ist definitiv die falschherum überlappenden Schultern an Bodyausschnitten, leider sehr lästig zu korrigieren am fertigen Objekt.

BABY-KUSCHEL-HOSE

FÜR JEDE GELEGENHEIT

GRÖSSE

44-62 / 68-86 / 92-104

MATERIAL

- o Stoff 1: Baumwolljersey mit Muster, 30/45/55 cm x 140 cm
- o Stoff 2: Feinstrickbündchen, 30 cm x 50 cm
- o Farblich passendes Nähgarn

SCHNITTMUSTERBOGEN 1A

NAHTZUGABE

Alle Teile mit 1 cm Nahtzugabe zuschneiden.

ZUSCHNITT

Stoff 1:

- o 1x „Babykuschelhose" in doppelter Stofflage

Stoff 2:

- o 1x „Babykuschelhose Bauchbündchen" im Stoffbruch
- o 2x „Babykuschelhose Beinbündchen"

ANLEITUNG

1. Die beiden Zuschnitte für die Hosenbeine legst du jeweils rechts auf rechts entlang der Innenbeinnähte zusammen und schließt diese.

2. Wende ein Bein und stecke es rechts auf rechts in das zweite Hosenbein. Dann die Schrittnaht schließen.

3. Als nächstes legst du die Bauch- und Beinbündchen jeweils rechts auf rechts zusammen und schließt sie an den offenen, kurzen Seiten zum Ring. Dann die Bündchenringe der Länge nach links auf links falten.

4. Markiere dir sowohl an den Bündchen als auch an Bund und Beinen der Hose die Viertelstre-

cken. Stecke die Bündchen entsprechend der Markierungen an die Hose und nähe sie gleichmäßig gedehnt fest.

5. Zum Schluss die Hose wenden und bügeln.

BABYBODY

MIT ÜBERLAPPENDER SCHULTERPARTIE

GRÖSSE

44-62 / 68-86 / 92-104

MATERIAL

- o Stoff 1: Baumwolljersey mit Wolken, 45/55/60 cm x 140 cm
- o Stoff 2: Feinstrickbündchen, 15 cm x 70 cm
- o 3 Jerseydruckknöpfe
- o Farblich passendes Nähgarn

SCHNITTMUSTERBOGEN 1B

NAHTZUGABE

Vorder- und Rückenteil an den Seiten und Armausschnitten sowie die Ärmel mit 1 cm Nahtzugabe zuschneiden. Halsausschnittkanten, Unterkanten und Ärmelsaum (alle mit Bündchen versäuberten Kanten) ohne Nahtzugabe zuschneiden. Die Schultermarkierung der überlappenden Schulter durch kleine Einschnitte in die Nahtzugabe vom Schnittmuster übertragen.

ZUSCHNITT

Stoff 1:

- o 1x „Body Vorderteil"
- o 1x „Body Rückenteil"
- o 1x „Body Ärmel" in doppelter Stofflage

Stoff 2:

- o 1x Bündchen Unterkante, 4-4,5 cm x 70 cm
- o 1x Bündchen Halsausschnitt, 4-4,5 cm x 50 cm
- o 2x Bündchen Ärmelsäume, 4-4,5 cm x 20 cm

ANLEITUNG

· · · · · · · · · · · · · · · · ·
· · · · · · · · · · · · · · · · ·

1. Hinweis: Arbeite alle Nähte mit elastischen Stichen! Vorder- und Rückenteil rechts auf rechts an den Schulterkanten bündig aufeinanderlegen. Achtung: Du schließt nur die gerade Schulternaht.

2. Den Bündchenstreifen Halsausschnitt links auf links auf halbe Höhe falten und am Halsausschnitt rechts auf rechts in einem Zug annähen, dabei an der Spitze der offenen Schulter beginnen und enden. Dehne den Streifen während des Nähens an der vorderen und hinteren Mitte des Ausschnitts. Die Enden schneidest du gegebenenfalls zurück. Die Nahtzugabe nach innen klappen und mit einem elastischen Stich oder der Zwillingsnadel festnähen.

3. Die offene Schulter so überlappen lassen, dass das Rückenteil auf dem Vorderteil liegt und die Mar-

kierungsknipse in der Nahtzugabe aufeinandertreffen. Dann Vorder- und Rückenteil innerhalb der Nahtzugabe mit Geradstich aufeinanderheften.

4. Die Ärmel rechts auf rechts in die Armausschnitte stecken. Hier macht es sich bezahlt, dass du, wie in Schritt 3, die Schnittmustermarkierungen übertragen hast – denn die Schultermarkierung der Armkugel muss auf die Markierung im Armausschnitt bzw. auf die Schulternaht treffen. Dann die Ärmel einnähen.

5. Die Bündchenstreifen für die Ärmelsäume auf halbe Höhe links auf links falten und leicht gedehnt annähen, den Überstand schneidest du wieder zurück. Die Nahtzugabe nach innen klappen und mit einem elastischen Stich oder der Zwillingsnadel festnähen. Die Ärmel bündig rechts auf rechts fal-

ten und Vorder- und Rückenteil ebenfalls bündig rechts auf rechts legen. Jetzt kannst du die erste Seitennaht vom Ärmelbündchen bis zum Beinausschnitt in einem Zug schließen.

6. Den Bündchenstreifen Unterkante links auf links auf halbe Höhe falten und an Vorder- und Rückenteil in einem Zug annähen. Dehne den Streifen an den geraden Strecken der Rückseite kräftig. Auf diese Weise raffst du den Stoff leicht und schaffst Platz für den Windelpopo. Die Nahtzugabe nach innen klappen und mit einem elastischen Stich oder der Zwillingsnadel festnähen.

7. Die Enden der Bündchenstreifen aufeinandersteppen, dann die zweite Seitennaht wie die erste schließen. Zum Schluss die Jerseydruckknöpfe im Schritt anbringen.

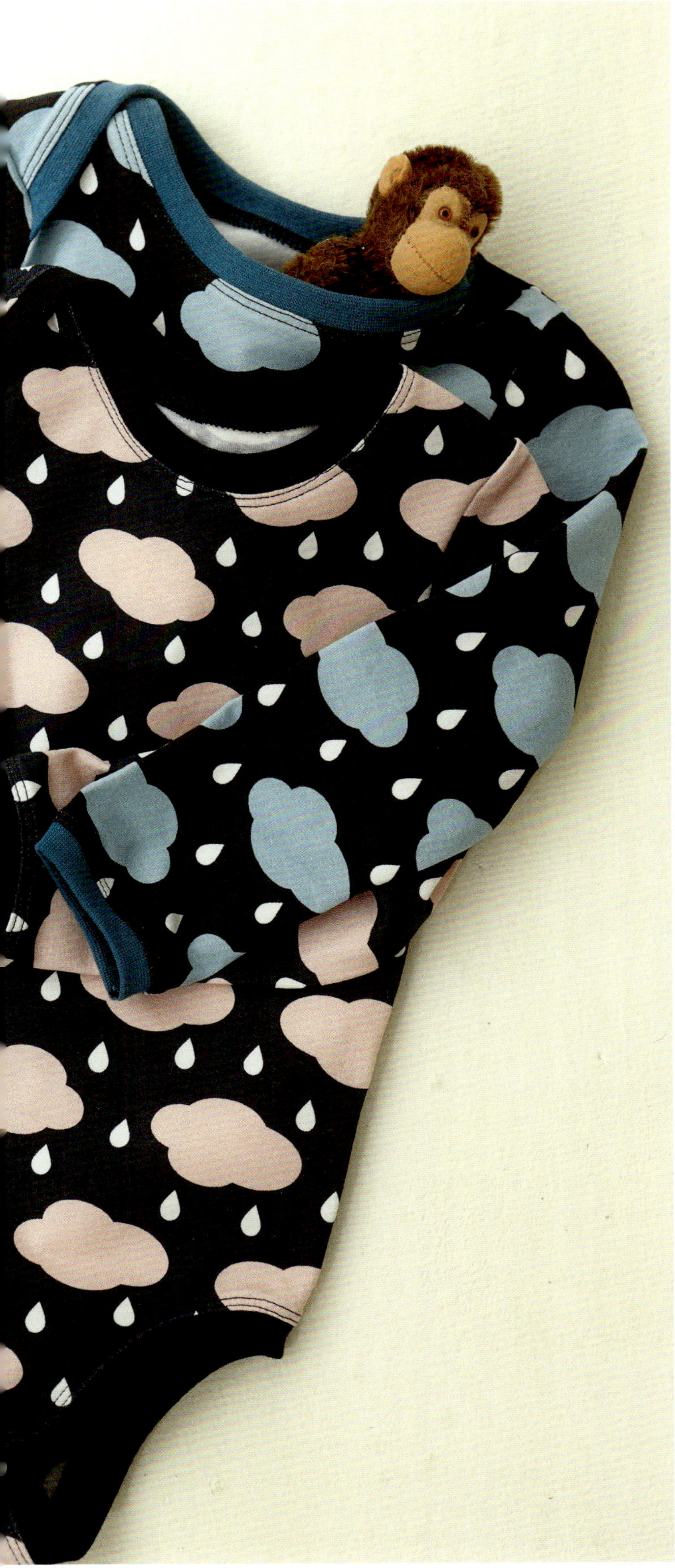
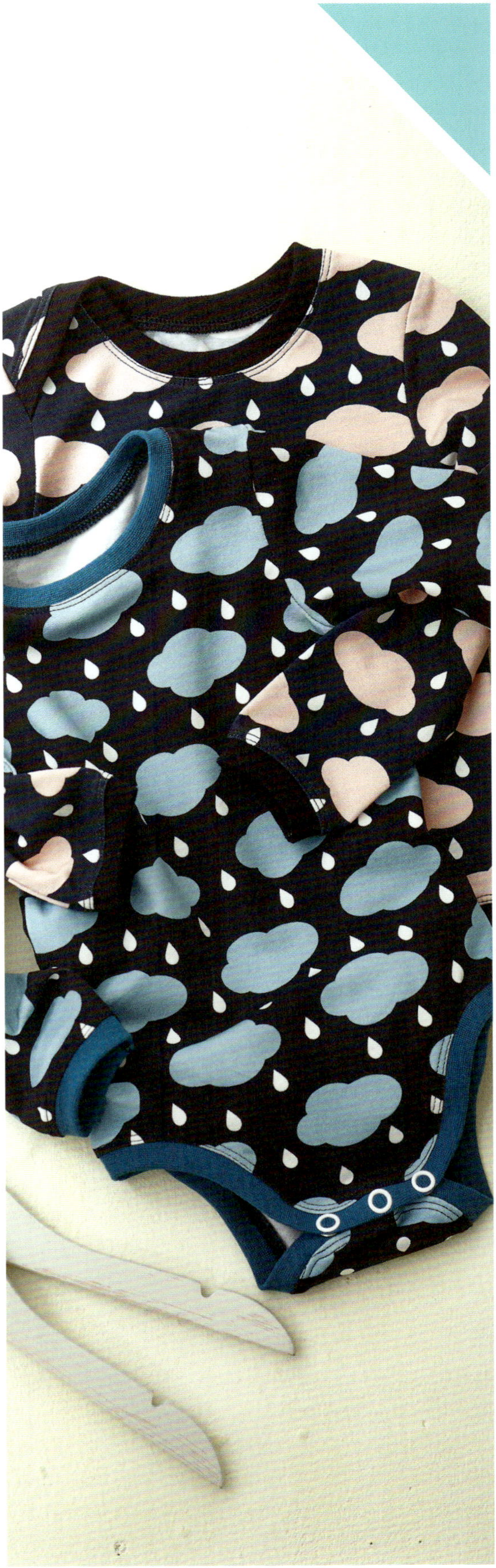

TEDDY-MÜTZE

AUS JERSEY

GRÖSSE

32-43 / 44-55 cm Kopfumfang

MATERIAL

- o Stoff 1: Baumwolljersey mit Regen-
  tropfen, 20/25 cm x 140 cm
- o Stoff 2: Jersey in Schwarz, 10 cm x
  5 cm, alternativ 20 cm Bindeband
  für die Ohren (siehe Seite 18)
- o Farblich passendes Nähgarn

SCHNITTMUSTERBOGEN 1A

NAHTZUGABE

Alle Teile mit 1 cm Nahtzugabe
zuschneiden.

ZUSCHNITT

Stoff 1:

- o 1x „Teddymütze Oberteil" in
  doppelter Stofflage
- o 1x „Teddymütze Umschlag" im
  Stoffbruch

Stoff 2:

- o 2x 2,5 cm x 10 cm als Bindebänder
  für die Ohren

ANLEITUNG

1. Die zwei Oberteile der Teddymütze passgenau rechts auf rechts legen. Rundherum mit dreifachem Geradstich zusammennähen, dabei sparst du aber die Unterkante aus. Schneide außerdem die Nahtzugabe auf 3 mm zurück, so können die Nähte nicht auftragen. Die Mütze wenden.

2. Aufgepasst, nicht mit den Stoffseiten durcheinanderkommen! Den Umschlag rechts auf rechts im Fadenlauf falten und mit dreifachem Geradstich zum Ring nähen. Die Nahtzugabe zurückschneiden, auseinanderbügeln und den Umschlag links auf links auf halbe Höhe falten.

3. Den Umschlag mit der offenen Kante bündig zur Mützenunterkante rechts auf links in die Mütze stecken und ringsherum mit einem dehnbaren Stich der Nähmaschine oder der Overlock annähen. Jetzt kannst du den Umschlag über die Naht nach oben falten und, ganz wichtig, gut bügeln.

4. Nimm dir nun die Teddy-Öhrchen vor: Du bindest sie beidseits mit den zugeschnittenen Bindebändern ab. Dann kannst du sie mit einem Doppelknoten und einigen Stichen von Hand sichern.

TIPP FÜR KLEINE MÄDCHEN:

Auch süß: Wenn du magst, schneide die Bindebänder an den Ohren in ca. 20 cm Länge zu und binde die Enden zu Schleifchen.

TIPP FÜR NEU-GEBORENE :

Sehr praktisch für ganz kleine Babys sind Bänder zum Zubinden: Sie lassen sich leicht beim Annähen des Um-schlags mit anbringen.

MEINE #NÄHLIEBE

Was ist für dich nähliebe?

Wie hat sie begonnen?

Was war dein erstes Projekt?

Nicht ohne meine NÄHMASCHINE

MEINE
WELT

The good things in life
are better with you.

LIEBLINGSBUCH

nähen macht glücklich!

mein label: cherry picking

CHERRY PICKING

Beruf Modedesign
Berufung Das Leben hübscher machen

f CherryPicking
cherrypicking_anke

ANKE MÜLLER

entweder/oder:

NÄHST DU LIEBER...

Webstoff oder Jersey?

Sweat

Bekleidung oder Accessoires?

Bekleidung

Für dich selbst oder andere?

Für mich

Mit Muster oder Uni?

Muster

Frei oder nach Anleitung?

Frei

Wie hat deine #nähliebe begonnen, was war dein erstes Projekt?

Mein erstes Projekt war eine graue Marlene-Hose in einem Volkshochschul-Nähkurs, da war ich 13.

Was ist deine liebste Näh-Weisheit?

Gut gebügelt ist halb genäht.

Nähen verbindet – hast du schon Näh-Freundschaften geschlossen?

Eher Design-Freundschaften, die sehr eng sind!

Gibt es ein Modell, das du immer und immer wieder nähst?

Ja, meinen Pulli Charlene.

Was war dein schlimmster Näh-Fehler?

Als ich aus Versehen am Ende eines Mantels mitten ins Futter geschnitten habe.

SCHAL MIT QUASTEN

KUSCHELWEICHES ACCESSOIRE

GRÖSSE
ca. 78 cm x 158 cm

MATERIAL
o Stoff 1: Wollstoff in Grau melange,
  80 cm x 160 cm
o Stoff 2: Rest Webstoff in Bunt
o Wolle in Pink, 50 g
o Tasselinchen Werkzeug für Quasten
  (erhältlich unter www.cherry-picking.de)
o Farblich passendes Nähgarn

NAHTZUGABE
Das Teil aus Stoff 1 mit 1 cm Nahtzugabe zuschneiden.

ZUSCHNITT
Stoff 1:
o 1x 80 cm x 160 cm
Stoff 2:
o 4x 6 cm x 4 cm (als Banderole für die Quasten)

ANLEITUNG

1. Fertige dir als erstes vier große Quasten (siehe Tutorial S. 69). Dann stellst du dir aus den Webstoffrechtecken kleine Banderolen zum Drumherumwickeln her: Dazu die Zuschnitte an den Längskanten 1 cm nach innen einschlagen und bügeln, sodass ein 2 cm breiter Streifen entsteht. Lege ihn um deine fertige Quaste und fixiere das Band mit ein paar Handstichen.

2. Nun zum Schal: Falte die lange Seite deines Stoffstreifens mittig rechts auf rechts und schließe die Längsseite bis auf eine kleine Wendeöffnung.

3. Stecke in die zwei schmalen, noch offenen Seiten jeweils eine Quaste in die Ecke. Die Quasten liegen zwischen den Stofflagen und zeigen zur Stoffmitte.

4. Schließe die beiden schmalen Seiten und wende den Schal durch die Wendeöffnung. Die Wendeöffnung kannst du per Hand oder mit der Maschine zunähen

GRÖSSE

ca. 3 cm x 125 cm

MATERIAL

o Kunstleder in Kupfer, 15 cm x 130 cm
o Vliesofix, 6 cm x 130 cm
o 2 Karabinerringe in Kupfer, ø 3 cm
o Heißkleber
o Farblich passendes Nähgarn

ZUSCHNITT

Kunstleder:
o 2x 6 cm x 130 cm (Hauptstreifen)
o 2x 2 cm x 8 cm (Schlaufen)
Vliesofix:
o 1x 6 cm x 130 cm

GÜRTEL

ODER KAMERAGURT

ANLEITUNG

. . . .
. . . .

1. Bügele als erstes die zwei Hauptstreifen links auf links mit Vliesofix zusammen.

2. Schneide dir dann aus dem so verstärkten Material vier Streifen mit je 1,5 cm Breite zu. Steppe die Streifen längs jeweils knappkantig ab.

3. Jetzt arbeitest du den Zopf: Am Anfang alle Streifen übereinanderlegen. Zwei Streifen bleiben aufeinander liegen und bilden den Kern des Zopfes, die anderen beiden Streifen wickelst du immer im Kreuz drumherum.

4. Für den Anfang und das Ende des Zopfstrangs nimmst du dir die 2 cm x 8 cm großen Kunstlederstücken und legst diese zu einer Schlaufe. Die Schlaufen klebst du an deinen Zopf.

5. Um die Verbindung zwischen Zopf und Schlaufe besser zu fixieren, kannst du nochmals einen Streifen herumwickeln und ebenfalls festkleben. Anschließend die Karabinerkreise durch die Schlaufen ziehen – und der Gürtel ist tragbar!

TIPP FÜR VIELSEITIGE:

Du kannst diesen Gürtel auch als Taschengurt oder Kameragurt verwenden.

WENDEWESTE

IM PATCHWORK-STIL

GRÖSSE

S – M – L

MATERIAL

o   Stoff 1: Baumwollstoff mit Blumenprint, 100 cm x 50 cm
o   Stoff 2: Jeansstoff, 100 cm x 50 cm
o   Fertiges Schrägband, farblich passend,
    fertig gefalzt, 1,5 cm breit, 7 m lang
o   Farblich passendes Nähgarn

SCHNITTMUSTERBOGEN 1B

NAHTZUGABE

Der Schnitt beinhaltet eine Nahtzugabe von 1 cm an
Schulternaht und Rückenmittenaht.

ZUSCHNITT

o   1x Innenweste (Rückenmitte im Bruch)
o   1x Außenweste (Rückenmitte mit 1 cm Nahtzugabe
    zuschneiden)

TIPP ZUM MATERIAL:

Du kannst, wie bei dem Modell hier, dein Schrägband auch selber aus dem sowieso verwendeten Stoff machen. Plane dann beim Stoffkauf entsprechend mehr ein.

ANLEITUNG

1. Stecke das Schrägband auf die Linien, die im Schnitt angegeben sind. Die Linien definieren die Mitte deines Schrägbandes. Schneide deine Schrägbandstreifen dementsprechend ab und steppe die Bänder knappkantig fest.

2. Schließe die Schulternähte beider Westenteile und bügele die Nahtzugaben auseinander.

3. Schließe die Rückenmittenaht der Außenweste und bügele die Nahtzugaben auseinander.

4. Lege beide Westenteile links auf links und steppe die Außenkanten und Ärmlöcher knappkantig zusammen. Zum Schluss fasst du die komplette Außenkante der Weste und die Armlöcher mit Schrägband ein.

LOVE LOVE LOVE LOVE

Achtung!
Nähen
macht
süchtig!

LOVE LOVE LOVE LOVE

Versuch was neues und finde
neue Impulse für deine #nähliebe.

EINFACH MAL AUSPROBIEREN:

o   Den Nähplatz neu organisieren und aufräumen.

o   Näh ein Geschenk für deine beste Freundin oder liebste Kollegin.

o   Trau dich an ein kompliziertes Detail ran.

o   Mit neuen Kissenhüllen hast du ein ganz neues Wohngefühl.

o   Lege dir ein Näh-Tagebuch an.

o   Besuche ein Näh-Café.

o   Poste ein Foto deiner Werke mit #nähliebe.

o   Besuche einen Stoffmarkt.

o   Näh zusammen mit einer Freundin.

nähen ist wie
zaubern können.

+ + + + + + + + + + +

MEINE WELT

love peace & butterbrezn

boah EY!

mein label: miri d.

MIRIAM DORNEMANN

Beruf Diplomverwaltungswirtin
Berufung Illustratorin und Autorin

Miri-D
mirisblog

www.mirid.de
mirisblog

entweder/oder:

NÄHST DU LIEBER...

Webstoff oder Jersey?

Nähen Webstoff, aber Tragen lieber Jersey

Bekleidung oder Accessoires?

Beides

Für dich selbst oder andere?

Für mich selbst

Mit Muster oder Uni?

Im Moment uni

Frei oder nach Anleitung?

Nach Anleitung (gerne auch nach meinen eigenen)

Wie hat deine #nähliebe begonnen, was war dein erstes Projekt?

Begonnen hat meine Nähliebe im Alter von ca. sechs Jahren an der Nähmaschine meiner Mama. Angefangen habe ich mit Beuteln und Taschen. Die Liebe dazu ist bis heute geblieben.

Was ist deine liebste Näh-Weisheit?

„Kommt beim Bügeln, sprach der Schneider, als der Hosenlatz hinten saß." Kennt den noch jemand? Ist uralt.

Nähen verbindet – hast du schon Näh-Freundschaften geschlossen?

Ja klar. Die tollste Nähfreundin wohnt gleich in der Nachbarschaft und bloggt ebenfalls. Sie ist im Moment auch meine wichtigste Schnittmuster-Dealerin ;-). Zwei andere wohnen bei Stuttgart. Unser wichtigstes Event ist die Handarbeits-Messe in Köln, da verbringen wir zwei Tage miteinander. Fast noch besser als die Messe ist die Fahrt nach Köln, da können wir mal wieder richtig ausgiebig quatschen.

Gibt es ein Modell, das du immer und immer wieder nähst?

Die Bluse „Cheyenne". Ich habe derzeit zwei Stück davon im Kleiderschrank, eine liegt zugeschnitten hier und möchte genäht werden.

Was war dein schlimmster Näh-Fehler?

Mit der Overlock über Stecknadeln nähen: Es gab einen großen Knall, die Nadel flog durchs Nähzimmer und die Maschine hatte sich hoffnungslos verkeilt ...

KINDER-TASCHE

MIT KELLERFALTEN

GRÖSSE

25 cm x 28 cm x 8 cm (zzgl. Träger)

MATERIAL

- o Oberstoff: Baumwollstoff in Gelb mit Blumen, 90 cm x 45 cm
- o Futterstoff: Baumwollstoff mit Käfermotiven, 80 cm x 40 cm
- o Vlieseinlage 1: Vlieseline S 320, 40 cm x 20 cm
- o Vlieseinlage 2: Vlieseline H 180, 95 cm x 35 cm
- o Baumwollgurtband in Weiß, 3 cm x 90 cm
- o Farblich passendes Nähgarn

SCHNITTMUSTERBOGEN 1A

NAHTZUGABE

Alle Teile mit 1 cm Nahtzugabe zuschneiden.

ZUSCHNITT

Oberstoff:

- o 2x „Kindertasche Taschenteil" im Stoffbruch
- o 2x „Kindertasche Blende" im Stoffbruch

Futterstoff

- o 2x „Kindertasche Futter" im Stoffbruch

Vlieseinlage 1

- o 2x „Kindertasche Blende" im Stoffbruch

Vlieseinlage 2

- o 2x „Kindertasche Futter" im Stoffbruch

ANLEITUNG

· · · · · · · · · · · · · · · · · · ·
· · · · · · · · · · · · · · · · · · ·

1. Die Vlieseinlagen auf die Rückseite der entsprechenden Teile aus Stoff bügeln und abkühlen lassen.

2. Arbeite die Kellerfalten ein: Dazu die beiden Zuschnitte „Taschenteil" gemäß Schnittmuster in Falten legen und flach bügeln. Wenn du möchtest, kannst du die vier Falzlinien mit je einer zusätzlichen Naht fixieren (je zwei Stofflagen), so legt sich die Tasche immer wieder in die gleichen Falten. Am oberen und unteren Rand die Falten mit einer Quernaht auf der Nahtzugabe fixieren. So vermeidest du späteres Verrutschen.

3. Je eine Blende rechts auf rechts auf das Taschenteil legen, mit Stecknadeln fixieren und steppen. Wenn du einen Stoff mit Musterrichtung hast, achte darauf, dass das Muster nach dem Nähen nicht auf dem Kopf steht.

4. Die Träger in zwei ca. 45 cm lange Bänder teilen, dann gemäß Schnittmuster an den oberen Rand der Blende legen, der Träger zeigt dabei zur Tasche, die offenen Stoffkanten und die abgeschnittenen Ränder der Träger liegen genau übereinander. Beides mit Stecknadeln fixieren. Dann legst du je eine Taschenseite aus Oberstoff und eine Taschenseite aus Futterstoff rechts auf rechts und nähst den oberen Rand der Tasche (die Träger werden dabei mit festgenäht).

5. Die Taschenteile an der Naht auseinanderbügeln, dann beide Taschenteile rechts auf rechts legen. Auf einer Seite liegen nun die Zuschnitte aus Oberstoff, auf der anderen Seite liegen die beiden Teile aus Futterstoff, in der Mitte liegen die Henkel übereinander. Nun die vier äußeren Seiten zusammennähen. Dabei im Futter

eine ca. 10 cm große Wendeöffnung lassen. Außerdem die vier Ecken aussparen.

6. An den vier Ecken jeweils die Seiten- und die Bodennaht auseinanderfalzen und die Seitennaht auf die Bodennaht legen. So liegen die noch offenen Kanten für die kleinen seitlichen Abnäher aufeinander. Diese Öffnung kannst du nun mit einer Steppnaht schließen.

7. Die Tasche durch die Wendeöffnung verstürzen, die Tasche aus Futterstoff in die Tasche aus Oberstoff schieben und gut bügeln. Den oberen Rand steppst du nochmals ab und die Wendeöffnung schließt du von Hand.

TASCHE

MIT PLISSEEFALTEN

GRÖSSE

22 cm x 11 cm x 5 cm

MATERIAL

- o Oberstoff: Baumwollstoff in Rot, 40 cm x 35 cm
- o Futterstoff: Baumwollstoff in Bunt, 35 cm x 35 cm
- o Vlieseline S 320, 35 cm x 35 cm
- o Metallisierter Endlos-Reißverschluss in Rosa-Kupfer, 21 cm lang (alternativ einen normalen Reißverschluss auf genau 21 cm Länge kürzen)
- o Schrägband, 3 cm breit, in passender Farbe zum Oberstoff, 10 cm lang
- o 3 Button-Rohlinge, ø 3,8 cm
- o Farblich passendes Nähgarn

SCHNITTMUSTERBOGEN 1A

NAHTZUGABE

Alle Teile mit 1 cm Nahtzugabe zuschneiden.

ZUSCHNITT

Oberstoff:

- o 1x „Plisseetasche Vorderseite mit Plissee"
- o 1 x „Plisseetasche Rückseite und Futter"

Futterstoff:

- o 2x „Plisseetasche Rückseite und Futter"

Vlieseinlage:

- o 2x „Plisseetasche Rückseite und Futter"

ANLEITUNG

· · · · · · · · · · · · · · · · ·
· · · · · · · · · · · · · · · · ·

1. Schneide zuerst die Schnittteile aus Stoff zu und übertrage die Markierungen für die Plisseefalten. Nun kannst du die Vlieseinlagen auf die Rückseite der Futterstoffe bügeln und abkühlen lassen.

2. Bereite die Plisseefalten vor, diese müssen sehr genau gearbeitet werden. Dazu die Tasche an den jeweils mittleren Markierungen der vier Falten nach hinten knicken (links auf links) und dann mit einer Breite von 7 mm absteppen. Die vier Plisseefalten nach außen legen und gut bügeln. Dann nochmal die Breite der gesamten Tasche abmessen und ggf. die restlichen Zuschnitte an den Zuschnitt mit Plisseefalten anpassen.

3. Lege die beiden Zuschnitte Schrägband um die Enden des Reißverschlusses. Er muss dafür genau 21 cm lang sein. Fixiere die beiden Abschnitte und nähe sie fest.

4. Den Reißverschluss mit der Oberseite genau mittig auf die rechte Stoffseite des Oberstoffs legen. Der Rand des Reißverschlusses und der Taschen liegt dabei genau übereinander. Dann den oberen Rand abnähen.

5. Lege einen der Zuschnitte aus Futterstoff rechts auf rechts auf den Zuschnitt aus Oberstoff mit dem Reißverschluss. Die Stofflagen mit Stecknadeln fixieren und alles umdrehen. Auf der anderen Seite ist die bereits genähte Naht sichtbar. Diese Naht nochmals abnähen und somit Oberstoff, Futterstoff und Reißverschluss verbinden.

6. Nun klappst du die beiden Stoffe zurück, sodass die rechten Stoffseiten zu sehen sind. Die Nähte flach bügeln. Die zweite Seite des Reißverschlusses gemäß der Schritte 4 bis 6 an die beiden anderen Taschenzuschnitte nähen.

7. Den Reißverschluss zur Hälfte öffnen und die Tasche so hinlegen, dass auf der einen Seite die beiden Taschenteile aus Futterstoff aufeinanderliegen und auf der anderen Seite die beiden Teile aus Oberstoff. Die rechten Stoffseiten zeigen zueinander, in der Mitte liegt der Reißverschluss. Nähe nun die Ränder zusammen. Auf der Seite aus Futterstoff dabei eine

TIPP SCHRÄGBAND DIY:

Da du nur ein kleines Stück Schrägband benötigst, kannst du es aus einem Rest Oberstoff selbst machen: Schneide zwei 5 cm x 5 cm große Stoffstücke im schrägen Fadenlauf zu und falze die Seitenkanten zur Mitte. Falte dann den Streifen nochmals mittig – fertig.

TUTORIAL – STOFFBUTTONS

Die Buttons bestehen aus einfachen Ansteckern, die normaler-
weise mit Papierbildchen und einer Schutzfolie überzogen werden.
Copyshops oder Bastelläden bieten oft einen Buttonservice an.

Mit einem Trick lassen sich nicht nur Papier sondern auch Stoffe
verwenden: Du bügelst kleine Stoffreste auf einen Rest feste Vlieseinlage (z. B. Vlieseline H 250) und lässt die Buttons einfach ohne
Schutzfolie im Copyshop anfertigen. Zuschneiden kannst du die
Kreise dann im Copyshop, wenn du weißt, wie groß die Anstecker
werden sollen.

Alternativ kannst du auch Rohlinge für beziehbare Knöpfe nehmen, die es in verschiedenen Größen gibt. Du beziehst den Knopf
nach Herstellerangaben und nähst ihn dann an die Tasche.

Öffnung zum Wenden lassen. Außerdem
die vier Ecken aussparen.

8. An den vier Ecken jeweils die Seiten-
und die Bodennaht auseinanderfalzen und
die Seitennaht auf die Bodennaht legen.
So liegen die noch offenen Kanten für die
kleinen seitlichen Abnäher aufeinander.
Diese Öffnung kannst du nun mit einer
Steppnaht schließen.

9. Die Tasche durch die Wendeöffnung
verstürzen und die Tasche aus Futterstoff
in die Tasche aus Oberstoff schieben. Die
Ecken sauber ausarbeiten. Dann die Wendeöffnung von Hand schließen.

MIRIAM DORNEMANN |

GRÖSSE

36 cm x 39 cm x 15 cm (zzgl. Henkel)

MATERIAL

- o Stoff 1: Taschenstoff in Blau, 65 cm x 130 cm
- o Stoff 2: Baumwollstoff in Blau gemustert, 30 cm x 50 cm
- o Futterstoff: Baumwollstoff in Dunkelblau, 65 cm x 130 cm
- o Vlieseline S 320, 65 cm x 130 cm
- o Paspelband in Orange, 1,50 m lang
- o 4 D-Ringe in Silber, 2,5 cm
- o Lederträger, 2 cm breit, 1,50 m lang (alternativ 2x 70 cm lang)
- o Buchschrauben in Silber, 4 Stück, 5 mm hoch
- o Lochzange und Kontaktkleber
- o Druckknopf, z. B. KamSnap in Orange
- o Farblich passendes Nähgarn

SCHNITTMUSTERBOGEN 1B

NAHTZUGABE

Alle Teile mit 1 cm Nahtzugabe zuschneiden.

ZUSCHNITT

Stoff 1:
- o 2x „Taschenbody" (ohne „Latz")
- o 1x „Taschenseite" im Stoffbruch

Stoff 2:
- o 2x „Latz"

Futterstoff:
- o 8x „Befestigung Träger"
- o 2x „Taschenbody" (mit „Latz")
- o 1x „Taschenseite" im Stoffbruch

Vlieseinlage:
- o 2x „Taschenbody" (mit „Latz")
- o 1x „Taschenseite" im Stoffbruch
- o 4x „Befestigung Träger"

BEUTEL-TASCHE

MIT PASPEL UND DRUCKKNOPF

ANLEITUNG

· ·
· ·

1. Alle Teile gemäß Schnittmuster zuschneiden und die Markierungen übertragen. Achte beim Zuschneiden darauf, dass du für den Futterstoff den Latz und den Taschenbody zusammenlegst. Auch die Vlieseinlage für den Taschenbody wird in einem Stück mit dem Latz ausgeschnitten. Dann die Vlieseinlage auf die Rückseiten der Zuschnitte aus Futterstoff bügeln.

2. Das Paspelband in der Mitte teilen und je eine Hälfte auf die rechte Stoffseite des inneren Bogens des Taschenbodys nähen. Die Wulst der Paspel zeigt zur Taschenfläche, die offene Kante liegt auf der offenen Stoffkante des Taschenbodys. Schneide nach dem Nähen die Nahtzugabe im Bogen alle paar Zentimeter ein, so legt sich die Paspel schön in die Rundung. Dann falzst du sie zur linken Stoffseite und bügelst alles. Anschließend den Taschenbody mit der linken Stoffseite auf die rechte Stoffseite des Latzes legen und feststeppen.

3. Jetzt nähst du die Taschenbodys an die Taschenseiten: Dazu das Seitenteil und einen Taschenbody rechts auf rechts legen – die Markierungen 1 liegen dabei aufeinander – und von der Mitte aus startend zu beiden Seiten mit Stecknadeln fixieren. In den Rundungen schneidest du das Seitenteil alle paar Zentimeter ca. 7 mm ein, so lässt es sich leichter der Rundung anpassen. Erst dann festnähen. Den zweiten Taschenbody nähst du ebenso an die andere Taschenseite.

4. Als nächstes nähst du die Tasche aus Futterstoff, wie in Schritt 3 beschrieben. Lass dabei eine Wendeöffnung in der Naht des Futterstoffs aus. Wende die Tasche auf rechts und schiebe sie in die Tasche aus Oberstoff. Die beiden rechten Stoffseiten liegen nun aufeinander. Jetzt kannst du den oberen Rand der Tasche zusammennähen und die Tasche durch die Öffnung im Futterstoff auf rechts wenden. Die Wendeöffnung von Hand schließen.

5. Bereite nun alles für die Träger vor: Je zwei Schnittteile „Befestigung Träger" (je 1x mit Vlieseinlage und 1x ohne Vlieseinlage) rechts auf rechts legen und die Seiten und den unteren Bogen zusammennähen, dann durch die obere Öffnung auf rechts wenden und flach bügeln. Jeweils das obere schmale Ende durch einen D-Ring ziehen und nach hinten umklappen, danach an die vier Ecken der Tasche nähen. Die genaue Platzierung ist im Schnittmuster angegeben.

6. Den Lederträger mittig teilen, dann je ein Ende von außen nach innen durch einen D-Ring ziehen, lochen und mit der Buchschraube befestigen. Die Buchschraube verschließt du mit etwas Klebstoff, so kann sie sich nicht versehentlich öffnen. Zum Schluss befestigst du noch gemäß Markierung deinen Druckknopf an der Tasche.

CHECKLISTE FÜR DEIN PROJEKT:

- ☐ Modell aussuchen
- ☐ Stoff auswählen
- ☐ Zutaten beschaffen
- ☐ Zuschneiden
- ☐ Nähen
- ☐ Bügeln
- ☐ Fotografieren
- ☐ Posten unter #nähliebe

RUHE
bewahren
UND
weiter
mähen

so viel stoff, so wenig zeit

MEINE WELT

mein label: 2½ seams

DESIREÉ SCHMITT

Beruf Industriekauffrau
Berufung Bloggerin

 www.twoandahalfseams.com

twoandahalfseams

 twoandahalfseams

**entweder/
oder:**

NÄHST DU LIEBER...

Webstoff oder Jersey?

Webstoff

Bekleidung oder Accessoires?

Bekleidung

Für dich selbst oder andere?

Beides

Mit Muster oder Uni?

Uni

Frei oder nach Anleitung?

Frei

Wie hat deine #nähliebe begonnen, was war dein erstes Projekt?

Puh, das ist lange her. Ich war schon im frühen Teenageralter kreativ und habe angefangen, Skizzen von kompletten Looks zu zeichnen oder Moodboards zu erstellen. Das Nähen habe ich allerdings erst mit 17 Jahren gelernt. Mein erstes Projekt war eine Aufbewahrungstasche für meine Schneiderschere.

Was ist deine liebste Näh-Weisheit?

Gut gebügelt ist halb genäht ;-)

Nähen verbindet – hast du schon Näh-Freundschaften geschlossen?

Auf jeden Fall! Das ist das Schöne an Social Media Plattformen wie Instagram, Facebook oder YouTube, man findet ganz schnell und einfach Gleichgesinnte. Leider habe ich bis jetzt noch lange nicht alle Bekanntschaften im wahren Leben getroffen.

Gibt es ein Modell, das du immer und immer wieder nähst?

Es gibt sogar zwei Modelle: den Tellerrock und das Basic-Shirt. Den Schnitt vom Shirt habe ich schon fünfmal abgewandelt und jedes Mal entstand ein ganz neuer Look.

Was war dein schlimmster Näh-Fehler?

Es gab schon so manchen doofen Näh-Fehler. Ich habe meinem Neffen zum ersten Geburtstag mal ein Oberteil genäht und nicht an die Druckknöpfe in der Schulternaht gedacht, damit das Oberteil auch über den riesigen Babykopf passt. Die Naht wurde also kurzerhand wieder aufgetrennt und die Druckknöpfe im Nachhinein angenäht.

MINIROCK

MIT ÖSEN & SCHLEIFE

GRÖSSE

S – M – L – XL

MATERIAL

- o Baumwoll-Poplin gemustert, 102 cm x 120 cm (XL: 122 cm x 120 cm)
- o 2 Ösen, ø 5 mm
- o Lederband in Olivgrün, 2 mm breit, 80 cm lang (XL: 1 m lang)
- o Gummiband in Weiß, 2 cm breit, 1 m lang
- o Vlieseline-Rest, 3,8 cm x 8 cm
- o Farblich passendes Garn
- o 2 Sicherheitsnadeln

NAHTZUGABE

Die Nahtzugabe von 1,5 cm ist im Zuschnitt bereits enthalten.

ZUSCHNITT

- o 2x 51 cm x 107 cm für Vorder- und Hinterteil (XL: 61 cm x 117 cm)

HINWEIS

Der Rock funktioniert für die Größen S bis L als Eineitsgröße, weil der Rockumfang durch das Gummiband reguliert wird. Bei den größeren Größen fällt lediglich die Raffung des Stoffes geringer aus.

ANLEITUNG

1. Lege Vorder- und Hinterteil rechts auf rechts und schließe die Seitennähte bei 1,5 cm Nahtbreite. Dann die Naht bügeln, die Nahtzugabe versäubern und in das Hinterteil bügeln.

2. Jetzt machst du dir einen Rockbund mit Tunnelzug. Dazu die obere Rockkante 1 cm nach innen bügeln und anschließend diese Kante erneut 4 cm nach innen bügeln.

3. Die obere Kante wieder aufklappen. Markiere dir die Mitte des Vorderteils mit einer Stecknadel und bügele dort das Stück Vlieseline auf. Schlage die 4 cm-Kante wieder nach innen. Nun misst du vom Bruch aus nach unten 3,8 cm und markierst jeweils 1,5 cm links

und rechts der vorderen Mitte für die Ösen. Die Ösen einstanzen.

4. Rechts und links neben den Ösen steckst du eine Strecke von 3 cm ab, sodass eine 8 cm große Öffnung zum späteren Durchziehen für das Gummiband bleibt. Jetzt kannst du den Tunnel von Stecknadel zu Stecknadel entlang der Umbruchkante schmalkantig durchsteppen.

5. Miss als nächstes deinen Taillenumfang aus. Davon 10 % abziehen und das Gummiband entsprechend zuschneiden. Nähe jeweils 40 cm Lederband an das Gummiband.

6. Das Lederband fädelst du durch eine Öse, fixierst es mit einer Sicherheitsnadel am Bund und ziehst dann das Gummiband mit einer zweiten Sicherheitsnadel durch den Tunnel. Zeichne rechts und links parallel zu den Ösen 4 cm ein, nähe die Strecken ab und steppe auch die Öffnung in der Bundkante zu. Das Lederband kannst du zu einer Schleife binden.

7. Zum Schluss schlägst du den Rocksaum bei 5 mm doppelt ein und steppst ihn schmal ab.

KOSMETIK-TASCHE

MIT QUASTE

GRÖSSE

15 cm x 23 cm

MATERIAL

o   Stoff 1: Kunstleder in Ceme, ca. 15 cm x 30 cm
o   Stoff 2: Baumwollstoff in Weiß-rosa gemu-
    stert, ca. 20 cm x 30 cm
o   Stoff 3: Nesselstoff (Futter), 25 cm x 30 cm
o   Vlieseline S 320, 20 cm x 30 cm
o   Volumenvlies H 630, 25 cm x 30 cm
o   Reißverschluss in Weiß, 22 cm lang
o   Farblich passendes Nähgarn

SCHNITTMUSTERBOGEN 1A

NAHTZUGABE

Die Nahtzugabe von 1 cm ist im Zuschnitt bereits enthalten.

ZUSCHNITT

Stoff 1:
o   2x Teil 1 „Außenseite oben"
o   2x Teil 2 „Außenseite unten"

Stoff 2:
o   2x Teil 3

Stoff 3:
o   2x Teil 4 „Futter"

Vlieseline:
o   2x Teil 1 „Außenseite oben", 2x Teil 3

Volumenvlies:
o   2x Teil 4 „Futter"

ANLEITUNG

· ·
· ·

1. Beide Schnittteile „Außenseite oben" und Teil 3 mit Vlieseline verstärken. Beide Schnittteile „Futter" mit Volumenvlies verstärken.

2. Eine „Außenseite oben" mit der Unterkante rechts auf rechts an die Oberkante der „Außenseite unten" stecken und zusammensteppen. Wenden, die Nahtzugabe nach oben klappen, mit einem übergelegten Baumwolltuch vorsichtig bügeln und knappkantig von rechts absteppen. Nähe beide Teile der Außentasche auf diese Weise.

3. Am Reißverschluss auf beiden Seiten eine Hilfslinie von 4 cm nach innen anzeichnen. Teil 3 rechts auf rechts mit 1 cm Nahtzugabe auf die Linie stecken, steppen, nach außen klappen, bügeln und knappkantig absteppen.

4. Das Außenteil rechts auf rechts auf den Reißverschluss stecken und zusammensteppen. Bügeln. Beide Außenteile auf diese Weise an den Reißverschluss nähen.

5. Das Futter rechts auf links auf den Reißverschluss stecken und ca. 2 mm neben der oberen Naht feststeppen. Bügeln. Das Futter wenden und von rechts knappkantig absteppen.

6. Den Reißverschluss öffnen. Die Außenteile rechts auf rechts und das Futter rechts auf rechts legen. Beide Außenseiten sowie beide Böden zusammennähen. Im Boden des Futters lässt du aber eine Wendeöffnung von ca. 10 cm offen.

7. Die vier Ecken des Außen- und Futterstoffs nun so auseinander-

ziehen, dass beide offenen Kanten aufeinanderliegen. Diese steppst du quer zusammen.

8. Die Tasche wenden. Die Wendeöffnung per Hand mit einem Matratzenstich oder der Nähmaschine schließen.

9. Die Innentasche in die Außentasche stecken. Die Ecken vorsichtig mit einer Schere ausformen.

10. Zum Schluss kannst du aus Lederresten eine Quaste basteln und mit einem Baumwollgarn am Reißverschluss befestigen (siehe Tutorial S. 69).

BOHO-KISSEN

MIT HOTELVERSCHLUSS

GRÖSSE
50 cm x 50 cm

MATERIAL
- o Baumwoll-Twill mit Kunstdruck, 53 cm x 130 cm
- o Fransenborte in Wollweiß, 1 m
- o Bommelborte in Beige, 3 m
- o Baumwollgarn in Rot, 50 g
- o Pompon-Maker, ø 4,5 cm
- o Farblich passendes Nähgarn

NAHTZUGABE
Die Nahtzugabe von 1,5 cm für die Seitennähte ist im Zuschnitt bereits enthalten.

ZUSCHNITT
- o 1x 53 cm x 130 cm

ANLEITUNG

· · · · · · · · · · · · · · · · · · · ·
· · · · · · · · · · · · · · · · · · · ·

1. Den Stoffstreifen an den kurzen Seiten zweimal 1 cm einschlagen, mit Stecknadeln fixieren, absteppen und bügeln. Das werden deine Säume am Verschluss.

2. Als nächsten Schritt von der unteren Längskante aus 48 cm markieren. Ziehe mit Schneiderkreide eine horizontale Hilfslinie. Die Fransenborte halbierst du und steckst sie an die Hilfslinie. Dann knappkantig aufnähen.

3. 11 cm über dem Ende der Fransenborte erneut eine horizontale Hilfslinie ziehen. Die Bommelborte feststecken und ebenfalls knapp-

kantig aufsteppen. Anschließend vier weitere Reihen der Bommelborte mit möglichst geringem Abstand übereinandernähen.

4. Von der unteren Kante aus misst du jetzt 79 cm ab und ziehst eine horizontale Hilfslinie für das zweite Stück Fransenborte. Feststecken und wieder knappkantig aufnähen.

5. Nun klappst du die untere kurze Kante 35 cm ein und steckst sie fest. Die Stofflagen liegen rechts auf rechts. Die obere Kante ebenfalls einklappen, sodass dein Kissen eine Länge von 50 cm hat.

6. Nun kannst du die Seitennähte bei 1,5 cm Nahtbreite schließen, versäubern und bügeln. Kissen wenden.

7. Bastele dir Quasten mithilfe eines 3 cm hohen Pappstücks und nähe sie an der Bommelborte fest (siehe Tutorial S. 69).

8. Zum Schluss die Pompons mit Hilfe eines Pompon-Makers oder zwei Pappkreisen herstellen und an die Ecken des Kissens nähen.

TUTORIAL – POMPONS

Für einen Pompon zwei gleich große Pappkreise in der gewünschten Größe des späteren Pompons ausschneiden. In die Mitte beider Kreise ein ebenfalls kreisförmiges Loch schneiden. Je größer das Loch ausfällt, desto dichter kann der Pompon gewickelt werden. Garn mithilfe einer Wollnadel sehr dicht um beide Pappringe wickeln, bis das Loch in der Mitte geschlossen ist. Mit einer Schere zwischen die beiden Pappkreise stechen und die Fäden rundherum aufschneiden. Einen festen Faden 2x zwischen den Pappringen um die Fäden herumwickeln und verknoten. Die Pappringe vorsichtig aufschneiden und entfernen. Den Pompon etwas ausschütteln und in Form schneiden.

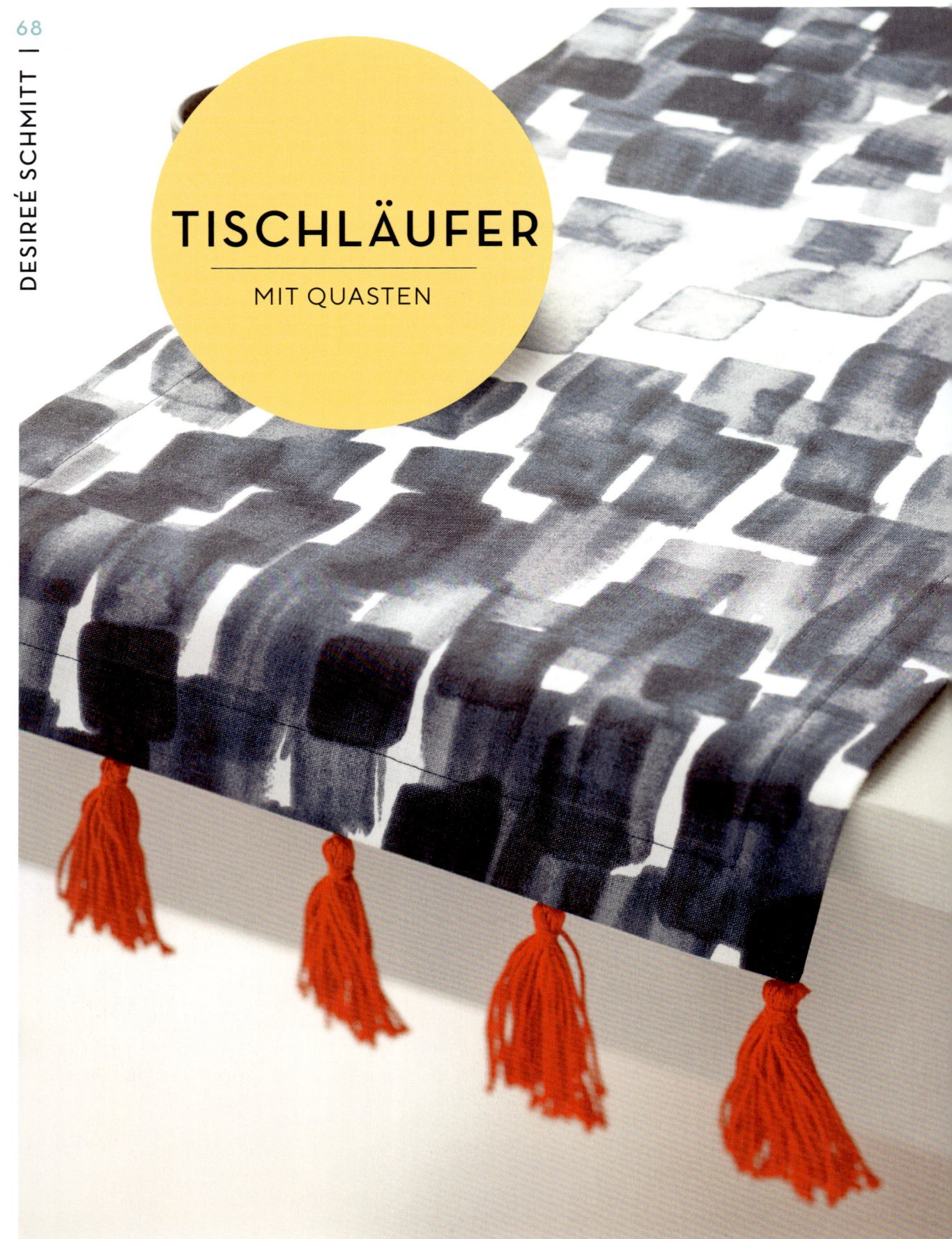

DESIREÉ SCHMITT |

TISCHLÄUFER

MIT QUASTEN

GRÖSSE

68 cm x 33 cm

MATERIAL

o Baumwoll-Twill mit Kunstprint,
  76 cm x 41 cm
o Baumwollgarn in Rot, 50 g
o Farblich passendes Nähgarn

NAHTZUGABE

Die Nahtzugabe von 1 cm ist im
Zuschnitt bereits enthalten.

ZUSCHNITT

o 1x 76 cm x 41 cm

1. Alle vier Seiten des Läufers 1 cm einschlagen und bügeln. Schlage die Seiten weitere 4 cm ein und bügele die Bruchkante fest.

2. Klappe dann die 4 cm gebügelte Kante wieder auf und schlage die Ecken in Richtung Mitte um. Die Bruchkanten müssen genau aufeinanderliegen. Bügele die Bruchkante fest.

3. Die Kanten wieder aufklappen und den Stoff dort in den Ecken rechts auf rechts stecken, sodass die schräge Bügelfalte jetzt exakt aufeinanderliegt. Nähe die Bügelfalte ab.

4. Anschließend die Nahtzugabe auf 1 cm zurückschneiden und auseinanderbügeln. Nun kannst du die Briefecken wenden und die Ecken mit einem spitzen Gegenstand vorsichtig herausschieben. Bügeln.

5. Dann nähst du den Läufersaum: Umbruch feststecken, Hilfslinie auf der rechten Seite 3 cm nach innen einzeichnen, Kante ringsum durchsteppen.

6. Zum Schluss machst du dir mithilfe eines 8 cm hohen Pappstücks Quasten und nähst sie von Hand an die kurzen Läuferseiten.

TUTORIAL – QUASTEN

Um eine Quaste herzustellen, schneidet man aus festem Karton einen Streifen in der Breite der gewünschten Quastenlänge zu. Diesen Streifen je nach Garnstärke und gewünschter Dicke der Quaste 30–50x mit Garn umwickeln. An der oberen Kante des Kartonstreifens einen doppelten Faden unter allen Wicklungen durchziehen, den Faden fest verknoten und die Wicklungen damit abbinden. Die Quaste an der unteren Kante aufschneiden und den Karton entfernen.

#NÄHLIEBE-PLANER

1 *Projekt*

Modell:

Für:

Stoff:

2 *Projekt*

Modell:

Für:

Stoff:

3 *Projekt*

Modell:

Für:

Stoff:

4 *Projekt*

Modell:

Für:

Stoff:

Zuhause ist, wo die Nähmaschine ist

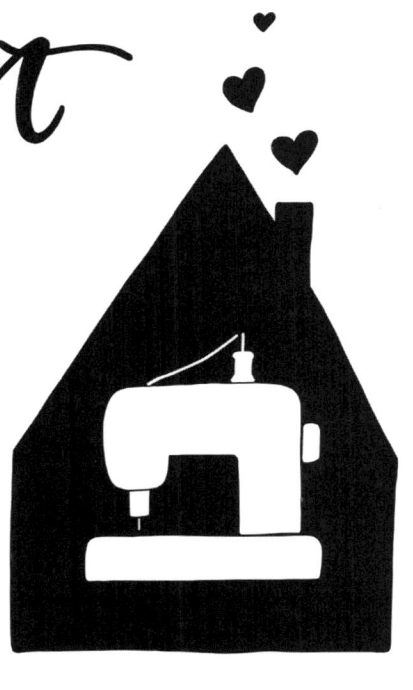

MEINE WELT

Ich mag es, gemeinsam zu nähen

mein label: pepelinchen

PETRA HOFER

Beruf Sekretärin
Berufung Stoffladenbesitzerin

 pepelinchen.de

pepelinchen

 www.pepelinchen.
blogspot.de

Wie hat deine #nähliebe begonnen, was war dein erstes Projekt?

Schon während des Grundschulalters durfte ich erste Nähversuche auf der alten Tret-Nähmaschine meiner Mutter machen. Damals nähte ich für meine Puppen und Barbies. Als meine Kinder auf der Welt waren, entdeckte ich meine #nähliebe wieder, denn ich wollte individuelle Kleidungsstücke für sie haben. Mein erstes Projekt war ein Langarmshirt für meine damals dreijährige Tochter aus drei verschiedenen Jerseystoffen. Direkt beim ersten Tragen wurde ich von einer anderen Mutter auf das ausgefallene Shirt angesprochen und war so stolz, dass meine #nähliebe seitdem nicht mehr aufzuhalten war!

entweder/oder:

NÄHST DU LIEBER...

Webstoff oder Jersey?

Jersey!

Bekleidung oder Accessoires?

60:40

Für dich selbst oder andere?

Da bin ich Egoist, - am meisten für mich.

Mit Muster oder Uni?

Hauptsächlich uni - ich bin musterfaul ...

Frei oder nach Anleitung?

meist nach Anleitung

Was ist deine liebste Näh-Weisheit?

„Zum Nähen gehört auch Trennen" - auch wenn ich diesen Teil des Nähens zugegebenerweise nicht besonders schön finde. Aber ich muss mich immer an diesen Spruch erinnern, wenn dann eine Naht doch nicht so gut geworden ist oder nicht richtig sitzt. In meiner Näh-Anfangszeit habe ich dann oft überlegt, wie man das kaschieren kann. Aber letztendlich haben mich diese Stellen später am fertigen Kleidungsstück immer gestört. Inzwischen mache ich mir lieber ein schönes Hörbuch an und nehme das Trennen als meditativen Teil des Nähprozesses hin.

Nähen verbindet - hast du schon Näh-Freundschaften geschlossen?

Oh ja - sowohl reale Näh-Freundschaften als auch durch das Internet! Ich mag es, gemeinsam zu nähen und sich auszutauschen. Inzwischen geht das ja auch bei sogenannten Sew-Alongs. Besonders schön ist es, wenn man sich irgendwann im realen Leben begegnet! Man hat direkt gemeinsame Themen und oftmals ist es so, als würde man sich schon ewig kennen.

Gibt es ein Modell, das du immer und immer wieder nähst?

Grundsätzlich probiere ich viel zu gerne neue Schnitte aus, als dass ich eine Wiederholungstäterin beim Nähen bin. Immer wieder gerne nähe ich in den verschiedensten Abwandlungen Kulturtäschchen nach dem Schnittmuster „Frau Hoppenstedt" von @waseigenes. Das ist sogzusagen mein Klassiker.

Was war dein schlimmster Näh-Fehler?

Ich habe mir mal einen Rock mit seitlichem Reißverschluss genäht, den ich im Urlaub morgens zum Frühstücksbüffet anhatte. Leider habe ich damals nicht auf die Qualität des Reißverschlusses geachtet, denn dieser löste sich von unten nach oben während des Frühstücks auf.

UMHÄNGE-TASCHE

IM BOHO-STYLE

GRÖSSE

23 cm x 23 cm (ohne Träger)

MATERIAL

o Stoff 1: Waschleder, 25 cm x 75 cm
o Stoff 2: Baumwollstoff, 25 cm x 50 cm
o Vlieseline H 250, 25 cm x 60 cm
o Fransenband aus Waschleder, 12 cm breit, 2 m lang
o Reißverschluss in Silber, 30 cm lang
o Kette für Handtasche in Silber, 1,20 m lang
o 2 D-Ringe in Silber, 12 mm
o Farblich passendes Nähgarn

NAHTZUGABE

Die Nahtzugabe von 1 cm ist im Zuschnitt bereits enthalten.

ZUSCHNITT

Stoff 1:
o 2x „Außenteil", 25 cm x 25 cm
o 2x „oberes Innenteil", 6 cm x 25 cm
o 2x „Schlaufe", 6 cm x 6 cm

Stoff 2:
o 2x „unteres Innenteil", 21 cm x 25 cm

Vlieseline
o 2x „Außenteil", 25 cm x 25 cm
o 2x „oberes Innenteil", 1 cm x 25 cm

ANLEITUNG

1. Verstärke zunächst beide Außenteile mit Vlieseline, sowie je eine lange Seite des oberen Innenteils.

2. Nun schneidest du das Fransenband in acht Stücke á 25 cm. Jedes Außenteil wird mit je vier Stücken Fransenband verziert. Dabei zur oberen und unteren Kante des Außenteils einen Abstand von 6 cm einhalten. Das Band dazwischen gleichmäßig verteilen. Schneide die Fransen auf der seitlichen Nahtzugabe ab.

3. Danach kannst du die beiden verzierten Außenteile rechts auf rechts aufeinanderlegen. Achte darauf, dass alle Fransen zur Mitte hin zeigen (ggf. mit Klammern fixieren). Nähe die Seiten und die Bodenkante zusammen und wende die Außentasche.

4. Für die Schlaufe zwei Seiten des Schnittteils links auf links zur Mitte hin falten, dann beide Seiten über-einanderlegen. Die Schlaufe an den Seiten knappkantig steppen. Die zweite Schlaufe arbeitest du genauso. Die D-Ringe in die Schlaufen ziehen und diese jeweils rechts auf rechts an den oberen Seitennähten der Außentasche fixieren, die Schlaufen zeigen dabei nach unten.

5. Als nächstes nähst du den Reißverschluss ein: Den geschlossenen Reißverschluss rechts auf rechts an die mit Vlieseline verstärkte Unterkante des oberen Innenteils legen. Das untere Innenteil mit der Oberkante rechts auf rechts ebenfalls darauf legen. Knappkantig steppen. Der Reißverschluss wird dabei mitgefasst.

6. Die zweite Seite des Reißverschlusses arbeitest du gegengleich.

7. Öffne den Reißverschluss zur Hälfte. Dann nähst du die Futtertasche aus Baumwollstoff rechts auf rechts an Seiten und Boden zusammen. Achtung: Im Boden eine Wendeöffnung von 10 cm offen lassen. Die Zähnchen des Reißverschlusses zeigen dabei zum oberen Innenteil.

8. Jetzt kannst du Außentasche und Innentasche rechts auf rechts ineinanderstecken und an der Oberkante rundherum zusammennähen. Die Schlaufen liegen dabei zwischen beiden Taschenteilen. Kürze die Nahtzugabe und den überstehenden Reißverschluss ein und schräge die Nahtzugabe an den Ecken ab.

9. Anschließend die Tasche durch die Wendeöffnung wenden und die Oberkante von rechts knappkantig absteppen. Die Wendeöffnung per Hand oder mit der Nähmaschine schließen. Zum Schluss befestigst du noch die Handtaschenkette an den D-Ringen.

TIPP ZUM VERARBEITEN VON WASCHLEDER:

Gerade beim Nähen von kleinen Teilen (z. B. „Schlaufe"), geht das Transportieren des Nähguts durch die Nähmaschine leichter, wenn du ein größeres Stück Stickvlies oder auch Küchenkrepp unterlegst. Nach dem Nähen kannst du es vorsichtig wieder entfernen.

PETRA HOFER |

GRÖSSE
38 cm x 138 cm

MATERIAL
o Stoff 1: Jersey in Anthrazit,
   40 cm x 140 cm
o Stoff 2: Spitze in Silbergrau,
   40 cm x 140 cm
o Farblich passendes Nähgarn

NAHTZUGABE
Die Nahtzugabe von 1 cm ist im
Zuschnitt bereits enthalten.

ZUSCHNITT
Stoff 1:
o 40 cm x 140 cm
Stoff 2:
o 40 cm x 140 cm

LOOP AUS SPITZE

MIT JERSEY-FUTTER

ANLEITUNG

· ·
· ·

1. Die Streifen aus Jersey und Spitzenstoff rechts auf rechts aufeinanderlegen und die beiden langen Seiten mit einem Geradstich zusammennähen. Den Schlauch von der Jerseyseite bügeln. Spitze ist meist hitzeempfindlicher und könnte schmoren oder sich zusammenziehen, wenn du den Schlauch von dieser Seite bügelst.

2. Jetzt wendest du den Schlauch über eine kurze Seite zur Mitte, sodass beide offenen Seiten rechts auf rechts übereinanderliegen. Die offene Kante feststecken und zusammensteppen, dabei eine Wendeöffnung von ca. 8 cm in der Jerseyseite lassen.

3. Den Loop durch die Wendeöffnung wenden und diese von Hand schließen.

Nähen
ist wie
zaubern
können

das leben ist kurz – näh schneller

MEINE WELT

AMELIE ROGGENSTEIN

Beruf Steuerfachangestellte
Berufung Mädchen für alles bei Klimperklein

f sonnenschnuckel

sonnenschnuckel

B sonnenschnuckel.blogspot.com

entweder/oder:

NÄHST DU LIEBER…

Webstoff oder Jersey?

Jersey

Bekleidung oder Accessoires?

Bekleidung

Für dich selbst oder andere?

Für ALLE

Mit Muster oder Uni?

Muster

Frei oder nach Anleitung?

Anleitung

Wie hat deine #nähliebe begonnen, was war dein erstes Projekt?

Mein erstes Projekt war eine Trage für meinen großen Sohn, die ich während der Schwangerschaft genäht habe. Kurz nach seiner Geburt 2006 gab es dann die ersten tollen Ebooks für Babysachen. Ich habe mir wirklich eingebildet, ich kaufe mir einfach eine Nähmaschine und dann kann ich nähen. Ganz so hat es nicht geklappt, aber es ist vom Hobby zum Lebensinhalt geworden.

Nähen verbindet – hast du schon Näh-Freundschaften geschlossen?

Sehr sehr viele und ich bin für alle sehr dankbar! Sogar meine „Chefin" Pauline aka Klimperklein habe ich übers Nähen in einem Forum kennengelernt.

Gibt es ein Modell, das du immer und immer wieder nähst?

Ich glaube, das meistgenähte Teil sind die Raglanshirts von Klimperklein. Bei drei Jungs ein super Standardschnitt für einfach jede Gelegenheit.

Was war dein schlimmster Näh-Fehler?

Ich wüsste keinen Nähfehler, den ich noch nicht begangen habe. Von Wendeöffnung zu klein, Nähte außen, Hose aus Webware statt Sweat, Ausschnitt zu eng, Teile insgesamt viel zu groß oder zu klein war schon wirklich alles dabei.

Was ist deine liebste Näh-Weisheit?

Das Leben ist kurz – näh schneller!

GRÖSSE

20 cm x 30 cm

MATERIAL

o Outdoorstoff, beschichtet (EtaProof, 2 Lagen Laminat), 1 m x 1,40 m
o Reißverschluss in Hellblau, 25 cm lang
o 2 Reißverschlüsse in Hellblau und Pink, 25 cm lang (oder alternativ ein Endlosreißverschluss)
o Gurtband in Hellblau, 2,5 cm breit, 3 m lang
o 2 Verstellschnallen (Spannschnallen) in Schwarz, 2 cm x 6 cm
o Farblich passendes Nähgarn

NAHTZUGABE

Die Nahtzugabe von 1 cm ist im Zuschnitt bereits enthalten.

ZUSCHNITT

Stoff:

o Vorder- und Rückenteil: 1x je 22 cm x 32 cm
o Seitenstreifen: 1x 38 cm x 105 cm
o Vordere Tasche Oberteil: 1x 17 cm x 13 cm
o Vordere Tasche Unterteil: 1x 17 cm x 15 cm

Gurtband:

o Tragegriff Vorderteil: 1x 58 cm
o Trägersystem Rückenteil: 2 m (Tragegriff Rückenteil + Rückenträger)
o Schlaufen für Verstellschnallen: 2x 6 cm

HINWEIS

In der Anleitung wird auf das explizite Hinweisen zum Stecken verzichtet, es ist aber unbedingt notwendig!

Bei Outdoorstoffen empfehle ich Wonderclips.

MINI-RUCKSACK

MIT AUSSENTASCHE UND TRAGEGRIFFEN

TIPPS ZUM MATERIAL:

Wenn der Rucksack nicht wasserabweisend sein muss, geht auch ein Jeansstoff zum Nähen. Für die Träger kannst du, wie im Modell auf dem Foto, ebenfalls hellblaues und pinkes Gurtband nehmen, jeweils 1,5 m lang.

Bei Outdoorstoff ist keine Versäuberung notwendig, da er nicht ausfranst. Benutzt du jedoch Jeans oder ähnliche Webware, musst du die Stoffe versäubern und gegebenenfalls verstärken.

ANLEITUNG

• •
• •

1. Zunächst alle Stoffteile zuschneiden.

2. Außentasche des Rucksacks: An die Oberkante des Taschen-Unterteils nähst du den 25 cm langen Reißverschluss. Der Zipper zeigt auf die rechte Stoffseite. Den Stoff wenden, den Reißverschluss drehen und die Naht bügeln. Dann steppst du den Reißverschluss nochmals von rechts ab.

3. Lege das Taschen-Oberteil mit der rechten Seite nach oben vor dich und lege das Unterteil bündig rechts auf rechts. Nähe die zweite Reißverschlussseite an. Dann erneut wenden, die Naht ausbügeln und von rechts absteppen.

4. Nun faltest du das Oberteil so herunter, dass der Reißverschluss verdeckt ist, und steppst oben nochmals parallel zum Reißverschluss ab.

5. Klappe den oberen Teil so weit herunter, dass der Reißverschluss verdeckt ist und dann wieder nach oben. Den Überschlag so stecken, dass der Reißverschluss nicht mitgefasst wird! Dann den oberen Teil

nach hinten klappen und oberhalb des Reißverschlusses absteppen. Du hast dann eine Lasche von ca. 2,5 cm abgesteppt. Die Lasche nach vorne klappen, – und du hast den Reißverschluss auf einfache Art verdeckt.

6. Den Zipper in die Mitte schieben und die Tasche einmal rundherum mit Geradstich absteppen. Danach kannst du den überstehenden Reißverschluss abschneiden.

7. Bügele kleine, 2 cm lange Abnäherfalten jeweils in die Taschenecken und nähe sie ab. So entsteht der 3D-Effekt der Tasche. Dann den Taschenrand ca. 1-1,5 cm einschlagen und die Tasche unten mittig auf das Rucksack-Vorderteil stecken. Rechts und links beträgt der Abstand ca. 3,5-4 cm und unten ca. 1 cm.

8. Tragegriff Vorderteil: Klappe die Enden des Gurtbandes um ca. 6 cm ein und steppe sie mit einem Rechteck ab, sowie einem Kreuz in der Mitte. Dann faltest du den Streifen dazwischen zur Hälfte und steppst ihn an der offenen Seite

ab. So bildet sich der Träger. Positioniere die Trägerenden auf der Vorderseite (siehe Foto S. 85) und nähe sie entlang der bereits gesteppten Rechtecklinien auf dem Rucksack fest.

9. Trägersystem Rückenteil – Tragegriff: Die Mitte des hinteren Trägers markieren und von dort aus die gleiche Länge wie an den vorderen Trägern abmessen, an denen das Befestigungsrechteck genäht wurde. Bei 58 cm Gurtband sind es 23 cm. Dann den hinteren Gurt mit der Mitte nach oben legen und orientiert an der Position des vorderen Tragegriffs auf dem Rucksack-Rückenteil aufstecken. Dort genauso ein 6 cm langes Rechteck mit Kreuz (wie vorne) festnähen. Dann den Streifen dazwischen, wie in Schritt 8 beschrieben, zur Hälfte falten und absteppen.

10. Trägersystem – Rückengurte: Lege nun das Rucksack-Rückteil vor dich. Klappe die Gurtenden, die nach unten hängen, jeweils nach oben und überkreuze sie. Nähe in der Mitte das entstandene Parallelogramm ab, sowie eine Ge-

TIPP FÜR MATERIAL-VARIANTE:

Für mehr Stabilität kannst du am Rucksackboden ein Stück Kunst-leder einsetzen, so wie hier auf den Fotos zu sehen.

rade durch die Spitze des Parallelogramms über beide Träger. Schneide von den Gurtbandenden unten jeweils 6 cm als Schlaufen für die Verstellschnallen ab.

11. Verstellschnallen anbringen: Lege die Verstellschnalle jeweils so hin, dass die flachere Seite oben zu dir zeigt. Fädele das 6 cm lange Stück Gurtband in das mittlere Loch von unten ein und durch das untere Loch wieder heraus. Schließe dann das offene Ende, sodass eine Schlaufe entsteht.

12. Nähe die Schlaufen jeweils rechts und links an der Unterseite des Rucksack-Rückenteils fest. Der Abstand zur Seite beträgt 1 cm. Nähe ein paar Mal darüber, damit sie auch fest sitzen. Die Schnalle zeigt dabei nach oben.

13. Fädele nun jeweils das obere Teil vom Gurtband ein, indem du es von hinten durch das mittlere Loch ziehst und durch das obere Loch nach oben steckst. Ziehe ein paar Mal, um zu prüfen, ob es fest sitzt. Klappe dann das Ende ca. 1 cm ein und nähe es gut fest, damit es sich nicht aufribbelt.

14. Reißverschluss im Rucksack: Für den Verschluss nimmst du entweder zwei 25 cm lange Reißverschlüsse oder einen Endlosreissverschluss und fädelst die Zipper gegengleich auf. So kannst du den Rucksack zu beiden Seite hin öffnen.

15. Wenn du den Endlosreißverschluss wählst, beginne mit dem Einnähen ca. 15 cm von unten. Bei der Variante mit zwei Reißverschlüssen lass diese oben in der Mitte überlappen und stecke sie von dort aus nach unten. Du nähst sie fest, indem du in der Mitte über beide Reißverschlüsse steppst.

16. Bei beiden Varianten wird der Reißverschluss mit dem Zipper nach unten auf die rechte Stoffseite des Rucksack-Vorderteils gelegt. Wenn du den Reißverschluss eingenäht hast, bügele die Naht sorgfältig aus und steppe sie von rechts knappkantig ab.

17. Seitenteil: Den Stoffstreifen für das Seitenteil der Länge rechts auf rechts zu einer Röhre nähen. Wenden und so bügeln, dass die Naht in der Mitte einer Seite liegt. Markiere die Mitte (der Falz ist die linke Seite) und stecke diese oben rechts auf rechts auf den Reißverschluss. Nähe bis zum Ende des Reißverschlusses und steppe ihn wieder von rechts ab.

18. Nun wird der Reißverschluss auf die gleiche Weise wie bei der Außentasche versteckt. Dazu den Streifen am Reißverschluss umfalten und diese Linie feststeppen. Jetzt liegt der Stoff schon so, dass er den Reißverschluss verdeckt. Nun faltest du ihn soweit um, dass die Lasche, die ihn verdeckt, liegenbleibt. Sorgfältig feststecken. Dann die Lasche bis ganz zum Ende des Streifens falten und stecken.

19. Nähe dann im Abstand von 2,5 cm zum Falz die Lasche ab und falte sie über den Reißverschluss.

20. Markiere am Vorderteil die Stelle, an der der Reißverschluss endet. Von dort aus nähst du die rechte Seite bis unten fest. Vorsicht: Du nähst von außen und die Stoffe liegen rechts auf links!

21. Wenn du eine Seite fest hast, beginne am Reißverschluss mit der anderen Seite. Bevor sich die Stoffe überlappen, legst du die offene Seite nach innen und beendest die Naht. Nähe nun die offene Kante unten am Seitenstreifen von innen mit einem Geradstich zu.

22. Endspurt: Wende das Vorderteil auf links und lege das Rückenteil rechts auf rechts darauf. Stecken (beginne mit dem Stecken bei der unteren Mitte und arbeite dich bis zu den Ecken vor). Nähe beide Seitennähte nach oben und stecke die letzte obere Strecke gut fest. Achte auf die Mitte und prüfe, ob alle Träger innen liegen!

23. Jetzt die letzte Öffnung zusteppen. Pass auf, dass du auf jeden Fall über der Stepplinie nähst, mit der die Träger festgenäht sind. Den Rucksack wenden, die Nahtzugabe in das Seitenteil legen und diese knappkantig von rechts absteppen.

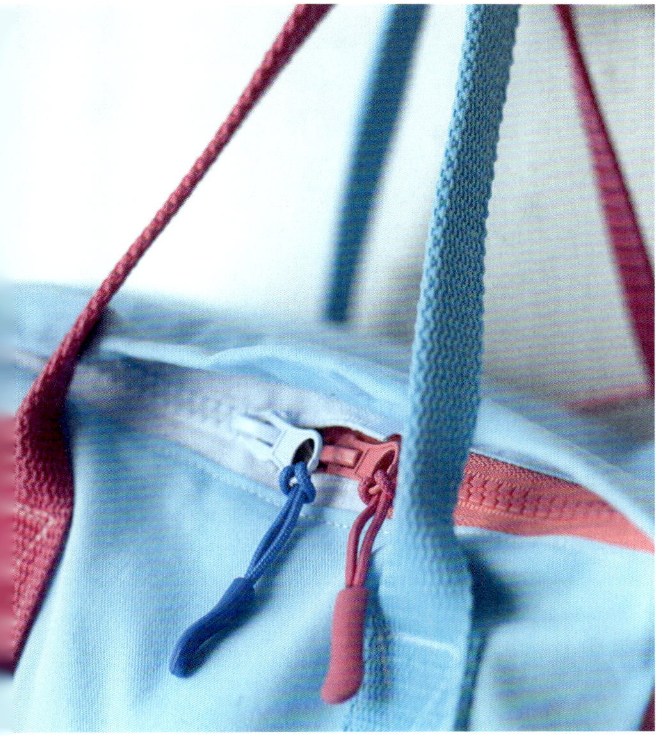
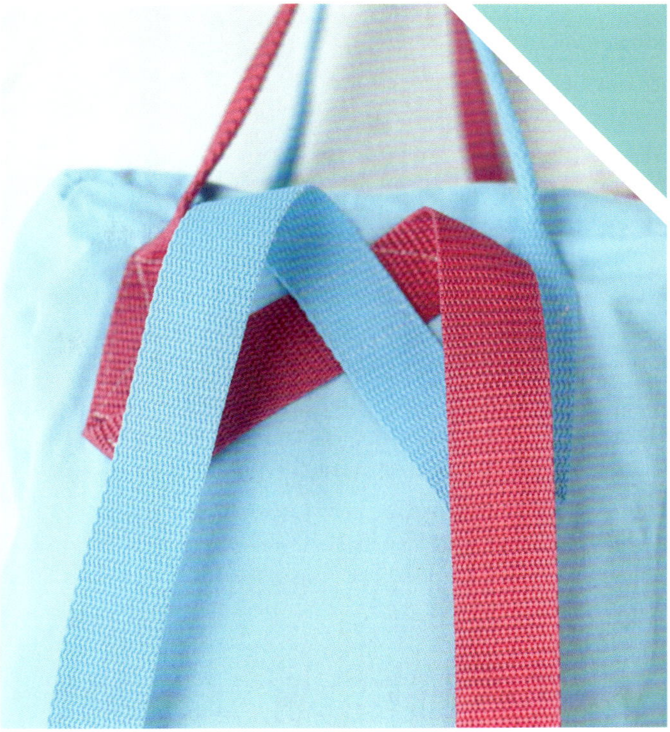
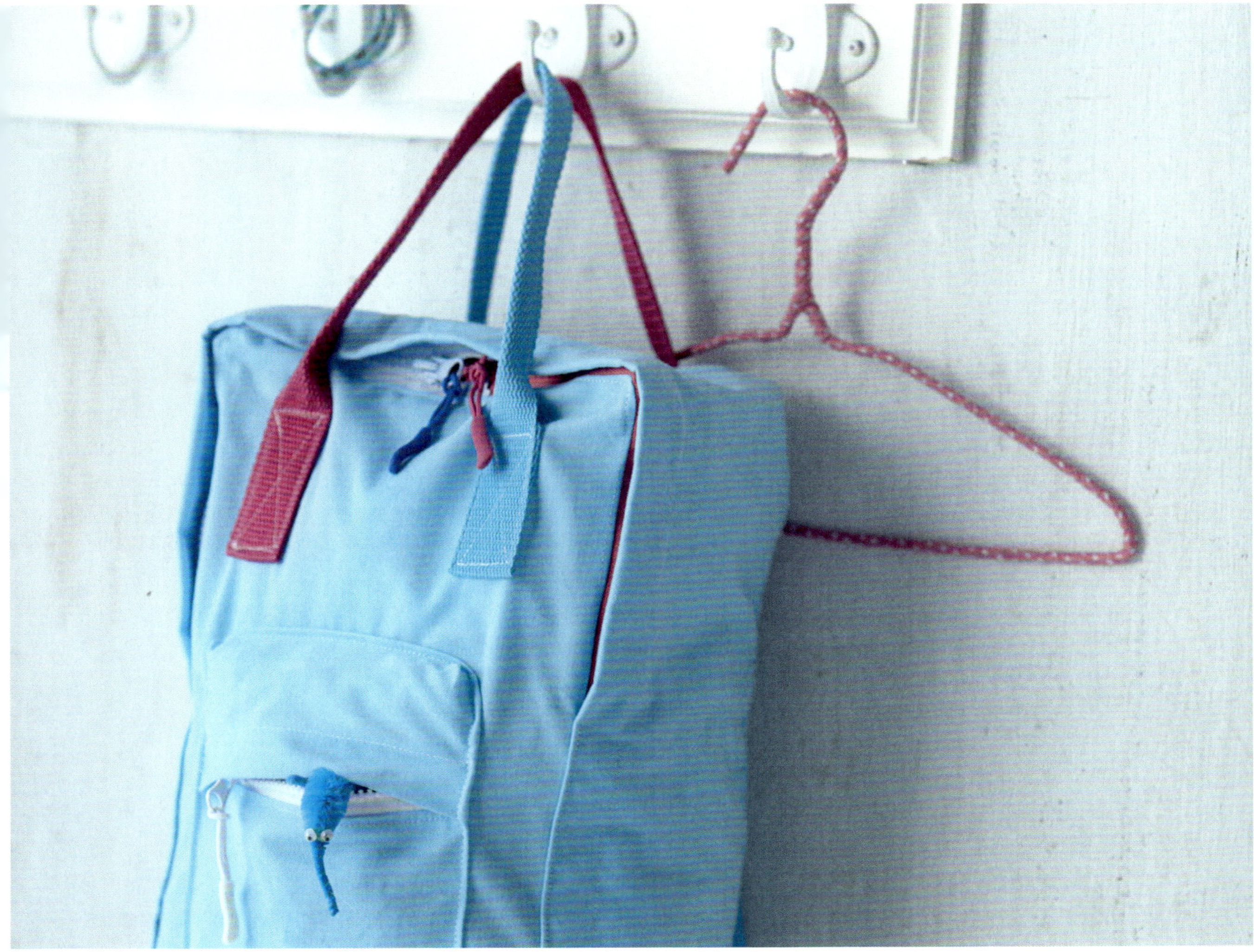

NADELETUI

ENGLISH PAPER PIECING

GRÖSSE

14 cm x 14 cm

MATERIAL

o Stoff 1: Leinen in Vintageoptik, 25 cm x 140 cm
o Stoff 2: Webware in Bordeaux, 50 cm x 50 cm
o Stoff 3: Webware in Hellrot, 50 cm x 50 cm
o Stoff 4: Webware in Dunkelrot, 50 cm x 50 cm
o Filz in Rot, 1mm stark, 15 cm x 60 cm
o Vlieseline H 630, 25 cm x 90 cm
o Magnetischer Druckknopf, ø 1,4 cm
o Quilting Nadel Stärke 75
o Farblich passendes Nähgarn
o Papier für die Schablone, Stärke 160 g/m²
o Quiltlineal und Rollschneider

HINWEIS

Die Schablone für die Felder findest du als Download zum Ausdrucken hier: www.topp-kreativ.de/digibib

SCHNITTMUSTERBOGEN 1B

Dort befindet sich eine Übersicht über die Stofffelder.

NAHTZUGABE

Die Nahtzugaben sind im Zuschnitt bereits enthalten.

ZUSCHNITT

Stoff 1:

o 3x 15 cm x 15 cm für die Seiten 2*, 3* und 4* und 1x ca. 30 cm x 20 cm (Bitte erst während des Nähens ausmessen.)
o 1x ca. 30 cm x 15 cm (Innenhülle, bitte erst während des Nähens zuschneiden.)

Stoff 2:

o 2x 10 cm x 10 cm und 3x 4 cm x 4 cm (Herz)

Stoff 3:

o 5x 10 cm x 10 cm

Stoff 4:

o 5x 10 cm x 10 cm

Filz:

o 3x ca. 12 cm x 20 cm (Bitte erst zuschneiden, wenn das Innenteil fertig ist.)

Vlieseline:

o 1x Außenhülle, 1x Innenhülle (Maße entsprechend der endgültigen Kantenlängen nach dem Zusammennähen)

HINWEIS:

Durch die verschiedene Stoffe und das Bügeln verzieht sich das Material oft, daher schneidest du die endgültige Außenhülle erst zu, wenn alle Stoffe angenäht sind. Eine kleine Ungenauigkeit kannst du so noch ausgleichen.

ÜBERSICHT

o Stoff 2 bedeckt die Felder 1-7-13-14-15
o Stoff 3 bedeckt die Felder 2-4-6-9-11
o Stoff 4 bedeckt die Felder 3-5-8-10-12
o Die Felder 1*-4* dienen der Übersicht und sind nicht größengerecht abgebildet.

ANLEITUNG

· ·
· ·

1. Den Stoff für Feld 2 mit der rechten Seite nach oben legen, darauf den Stoff für Feld 1 mit der rechten Seite nach unten und darüber die Schablone der Felder (so dass du das Herz siehst). Die Naht zwischen Feld 1 und 2 nähen und mit Rückstichen sichern. Die überstehenden Fäden schneidest du immer sofort ab, sonst gibt es später unschöne Dellen beim Bügeln.

2. Nun das Papier an der eben genähten Linie zwischen 1 und 2 falten. Dahinter wird der Überstand sichtbar, den du, am besten mit Quiltlineal und Rollschneider, auf eine Nahtzugabe von 5 mm einkürzt.

3. Das Papier auffalten und das Sandwich wenden: Die beiden Stoffstücke aufklappen, sodass die rechten Stoffseiten nach oben zeigen. Die Naht kurz bügeln.

4. Als nächstes den Stoff für Feld 3 mit der rechten Seite nach oben legen. Darauf kommt dein Papier mit dem hinten aufgefalteten Stoff. Nähe die Naht zwischen 2 und 3 ab. Lege den Stoff für das betref-

fende Feld immer gut mittig auf, da er, wenn die entsprechende Naht genäht wurde, aufgeklappt das Feld abdecken soll.

5. Das Papier wieder falten, die Nahtzugabe einkürzen, den Stoff auffalten. Langsam kann man das System erkennen, oder? Und es wird auch einfacher, die Stoffstücke auszurichten. Bringe die restlichen Stoffstücke nach dem gleichen Prinzip an. Vergiss nicht, gut zu bügeln, wenn alle Felder genäht sind!

6. Lege dein letztes Stück Leinen wie gehabt an und bedecke jeweils die Felder 2* und 3*, falten, Nahtzugabe einkürzen, aufklappen. Die Linie zu Feld 4* wird über die Schablone hinaus verlängert und soweit der Stoff reicht genäht. Dann falten, Nahtzugabe beschneiden, aufklappen.

7. Für Stofffeld 1* verlängerst du auch die Linie über die Schablone hinaus und nähst diese dann ab. Nun die 20 cm lange Seite anlegen; das längere Teil wird die Rückseite deines Nadeletuis. Die

Nahtzugabe beschneiden, aufklappen. Dann sorgfältig bügeln. Jetzt kannst du das Papier herausreißen.

8. Schneide nun die Außenhülle so zu, dass an jeder Seite 3 cm Überstand sind plus 5 mm Nahtzugabe. Dazu faltest du als erstes den Mittelfalz 3 cm links vom Herz. So hast du gleich die Rückseite mit zugeschnitten. Rechts vom Herz markierst du einige Punkte im Abstand von 3,5 cm zur Naht vom ehemaligen Feld 4* und schneidest es mit Quiltlineal und Rollschneider gerade ab.

9. Anschließend oben und unten je 3,5 cm markieren oder mit dem Lineal anlegen und abschneiden. Miss jetzt deine Außenhülle aus und schneide ein gleichgroßes Stück aus Leinen zu. Verstärke beide Teile mit Vlieseline.

10. Beide Teile zur Mitte falten und ineinander stecken. Markiere dir mit einem Bügelkniff die Mitte, an der du den Druckknopf am Innenstoff anbringst. Achte darauf, dass du genau misst, damit der Knopf passend schließt und nicht in die Nahtzugabe gerät, sonst kannst du die Teile nicht mehr zusammennähen.

11. Falte die Filzplatten mittig und nähe sie auf der Innenhülle mittig fest.

12. Lege Außen- und Innenhülle rechts auf rechts und nähe sie zusammen. Im hinteren Teil eine Wendeöffnung lassen. Bei den Druckknöpfen musst du eventuell auf den Reißverschlussfuß wechseln, um besser daran entlangnähen zu können.

13. Die Nahtzugabe einkürzen und die Ecken abschrägen. Dann das Etui wenden und gut bügeln. Die Wendeöffnung schließt du mit einem Matratzenstich von Hand.

bitte nicht stören, ich nähe!

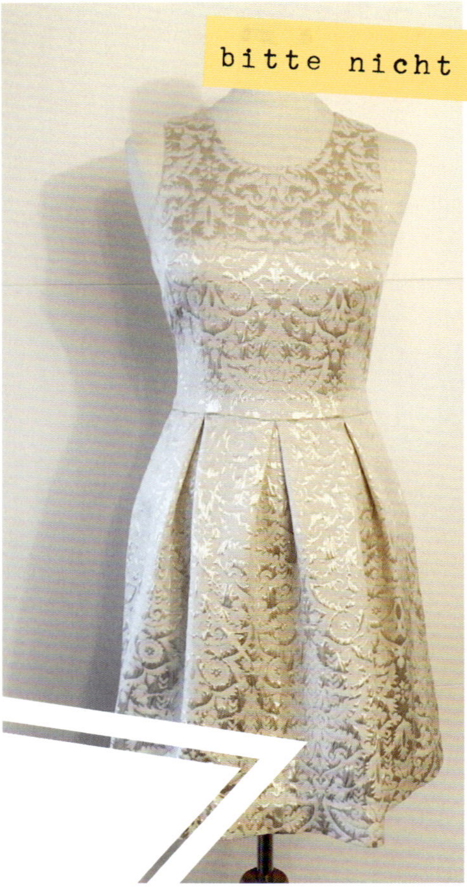

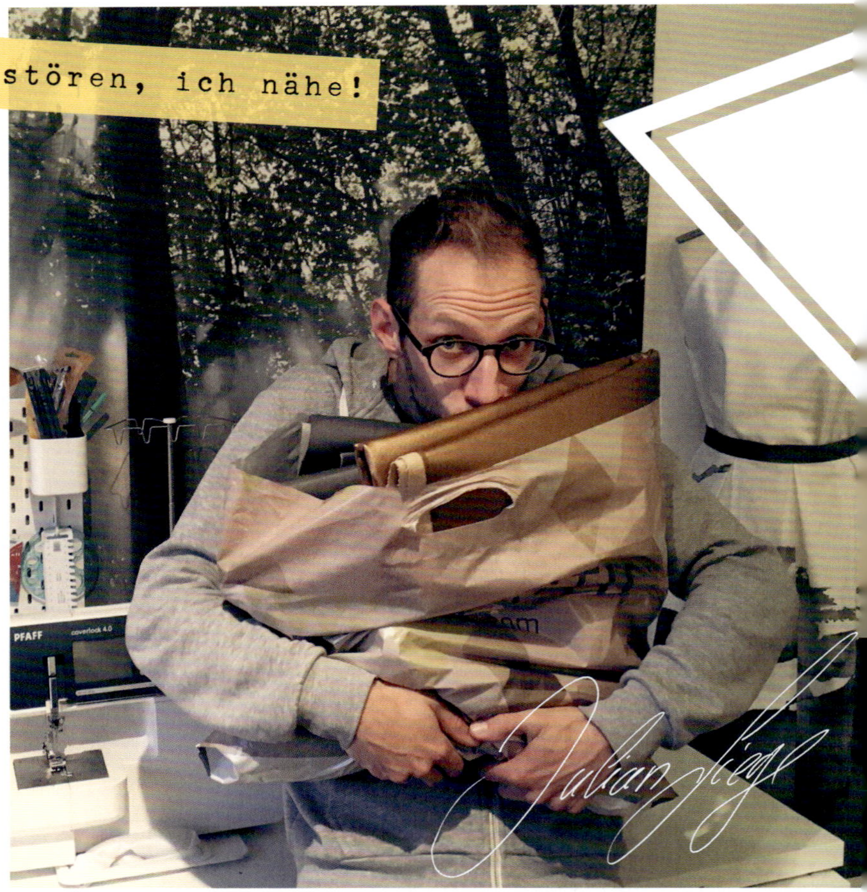

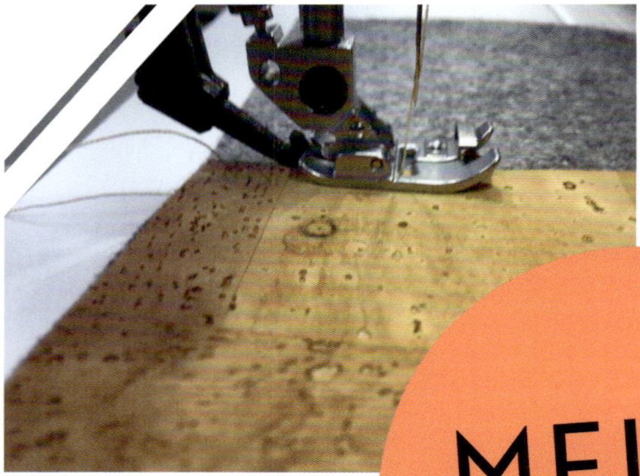

MEINE WELT

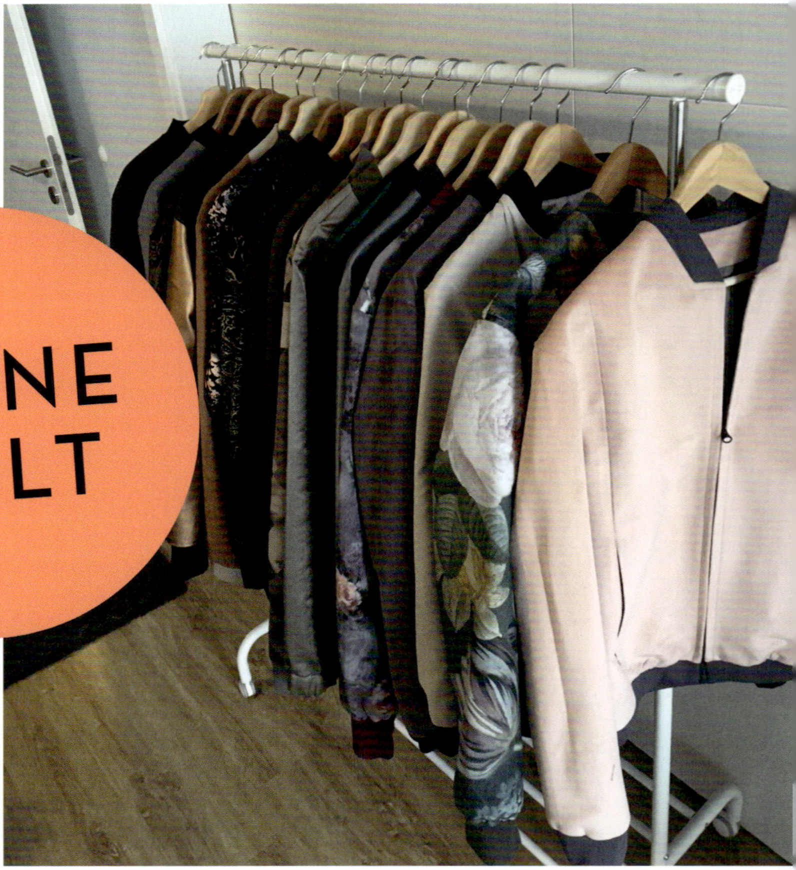

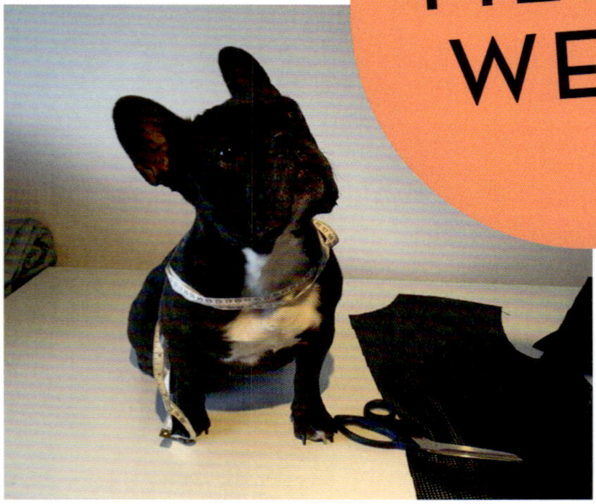

JULIAN FIEGE

Beruf Departmentmanager im Einzelhandel

Berufung Designen und Nähen von schönen Dingen (Ich wollte immer Stardesigner werden ;)).

 Julian-geschickteingefädelt

 jf_julianfiege

Wie hat deine #nähliebe begonnen, was war dein erstes Projekt?

Im Alter von zehn Jahren habe ich mir meine erste Nähmaschine gewünscht. Schon immer war ich von Stoffen, Mustern und Farben fasziniert. Mein erstes richtiges Nähprojekt kam erst viel später, mit 18 Jahren. Es war das Abiballkleid für eine Freundin. Da sind unzählige Stunden Arbeit, Schweiß und Mühen reingeflossen.

Was ist deine liebste Näh-Weisheit?

Gut gebügelt ist halb genäht.

Nähen verbindet – hast du schon Näh-Freundschaften geschlossen?

Lange habe ich alleine vor mich hin genäht. Erst als Kandidat bei *geschickt eingefädelt* habe ich andere Nähbegeisterte kennengelernt. Viele der Kandidaten sind Freunde geworden. Aber auch über Soziale Netzwerke habe ich viel Kontakt zu tollen, kreativen Menschen, die mich inspirieren.

Gibt es ein Modell, das du immer und immer wieder nähst?

Tatsächlich nähe ich immer und immer wieder ein bestimmtes Jackenmodell für mich oder meinen Freund. Sobald ich tollen Stoff finde, muss dieses Schnittmuster herhalten. Mittlerweile sind es über 30 Jacken.

Was war dein schlimmster Näh-Fehler?

Mein schlimmster Nähfehler war eher ein Bügelfehler: Ich habe für eine Freundin eine Clutch genäht und wollte Stasssteine aufbügeln. Dummerweise hatte ich vergessen die Temperatur richtig einzustellen. Das Material war leider sehr hitzeempfindlich, und plötzlich hatte ich die ganze Tasche am Bügeleisen kleben! Seitdem prüfe ich immer die Bügeltemperatur, bevor ich loslege.

entweder/ oder:

NÄHST DU LIEBER...

Webstoff oder Jersey?

Webstoff

Bekleidung oder Accessoires?

Bekleidung

Für dich selbst oder andere?

Für andere

Mit Muster oder Uni?

Muster

Frei oder nach Anleitung?

Frei (mit Schnitt, aber ohne Anleitung)

KISSEN

QUADRAT

GRÖSSE

50 cm x 50 cm

MATERIAL

- o Stoff 1: Kunstleder in Kupferoptik, 25 cm x 60 cm
- o Stoff 2: Velourstoff in Mint, 25 cm x 60 cm
- o Stoff 3: Wildlederimitat in Grau-beige, 25 cm x 60 cm
- o Stoff 4: Baumwollstoff mit Kunst-print, 50 cm x 60 cm
- o Stoff 5: Baumwollstoff in Grau, 80 cm x 60 cm
- o Farblich passendes Nähgarn

SCHNITTMUSTERBOGEN 1A

NAHTZUGABE

Alle Teile mit 1 cm Nahtzugabe zuschneiden. Bei den Rückteilen an der Saumkante 2 cm dazugeben.

ZUSCHNITT

Stoff 1:
- o 1x Schnittteil

Stoff 2:
- o 1x Schnittteil

Stoff 3:
- o 1x ½ Schnittteil

Stoff 4:
- o 1x Schnittteil
- o 1x ½ Schnittteil

Stoff 5:
- o 2x Rückseite

HINWEIS

Mit „½ Schnittteil" ist gemeint, das du für das obere und untere Kissen-stück nur eine Hälfte des Schnittteils benötigst. Im Schnittmuster ist dies durch Markierungslinien gekenn-zeichnet.

TIPPS ZUR VERARBEITUNG:

Dieses Projekt eignet sich super zum Aufbrauchen deiner Stoffreste. Wenn du möchtest, kannst du die Nahtzugaben von der rechten Seite knappkantig auseinandersteppen. So bekommen die einzelnen Dreiecke schöne Zierumrisse. Weiche, beziehungsweise zartere Stoffe solltest du vor dem Nähen mit Vlieseline verstärken.

ANLEITUNG

· · · · · · · · · · · · · · · · · ·
· · · · · · · · · · · · · · · · · ·

1. Für die Vorderseite steckst du die Schnitteile 1–5 der Reihe nach rechts auf rechts an den Markierungen zusammen. Anschließend zusammennähen und die Nahtzugaben auseinanderbügeln.

2. Schlage die Rückseite an den Saumkanten jeweils zweimal 1 cm ein. Dann umbügeln und knappkantig absteppen.

3. Die zusammengenähte Vorderseite und die beiden Rückseiten so rechts auf rechts stecken, dass die beiden Rückseiten sich ca. 10 cm überlappen. Ringsherum absteppen. Die Nahtzugaben an den Ecken schneidest du bis kurz vor die Naht schräg weg. So lassen sich die Ecken nach dem Wenden gut ausformen. Den Kissenbezug nach dem Wenden bügeln.

GRÖSSE
30 cm x 50 cm

MATERIAL
o Stoff 1: Wildlederimitat in Grau-
beige, 20 cm x 60 cm
o Stoff 2: Velourstoff in Mint,
30 cm x 60 cm
o Stoff 3: Kunstleder in Kupferoptik,
40 cm x 60 cm
o Stoff 4: Baumwollstoff in Grau,
ca. 35 cm x 70 cm
o Farblich passendes Nähgarn

SCHNITTMUSTERBOGEN 1A

NAHTZUGABE
Alle Teile mit 1 cm Nahtzugabe
zuschneiden. Bei den Rückseiten an
der Saumkante 2 cm dazugeben.

ZUSCHNITT
Stoff 1:
o 1x Teil 1
Stoff 2:
o 1x Teil 2
Stoff 3:
o 1x Teil 3
Stoff 4:
o 2x Rückseite

KISSEN
RECHTECKIG

ANLEITUNG

1. Zunächst die Teile 1 und 2 an den Markierungen rechts auf rechts zusammenstecken und aufeinandersteppen. Die Nahtzugabe bügelst du auseinander.

2. Nun Teil 3 und das gesteppte Teil 1+2 an den Makierungen zusammenstecken und steppen.

3. Die Rückseiten schlägst du an den Saumkanten zweimal je 1 cm ein und steppst die Säume knappkantig ab.

4. Jetzt kannst du Voderseiten und Rückseiten rechts auf rechts legen, und zwar so, dass sich die Rückseiten 10 cm überlappen.

Ringsherum zusammensteppen. Schneide an den Ecken die Nahtzugaben bis kurz vor die Naht schräg weg. Den Bezug wenden, die Ecken gut ausformen und bügeln.

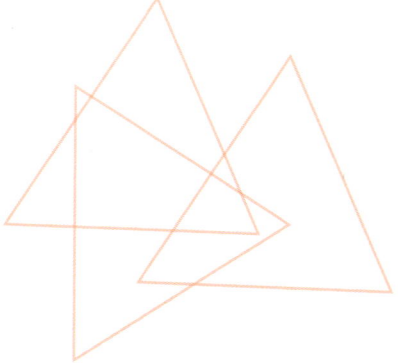

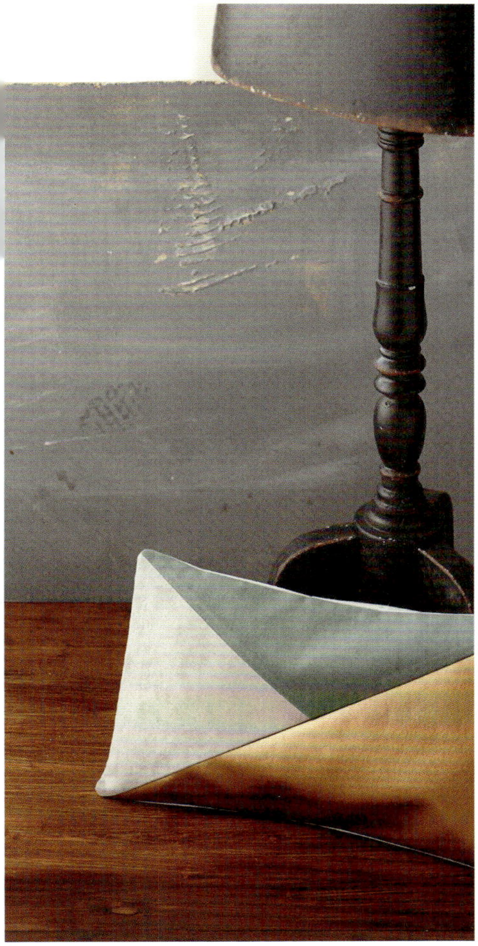
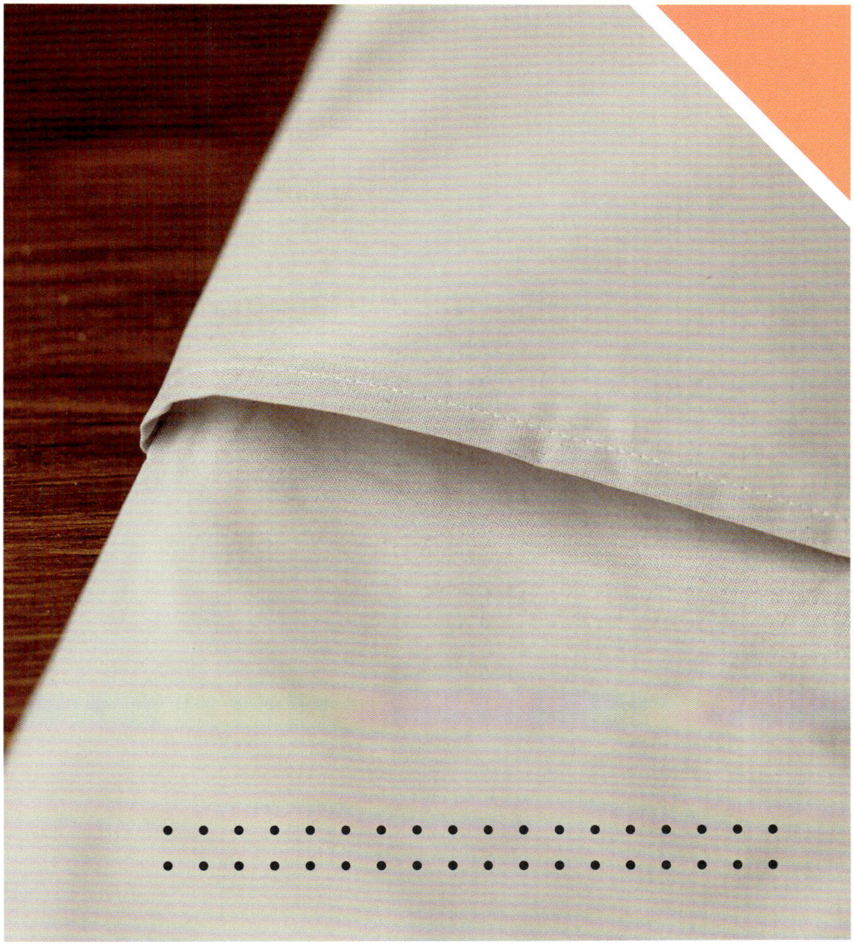
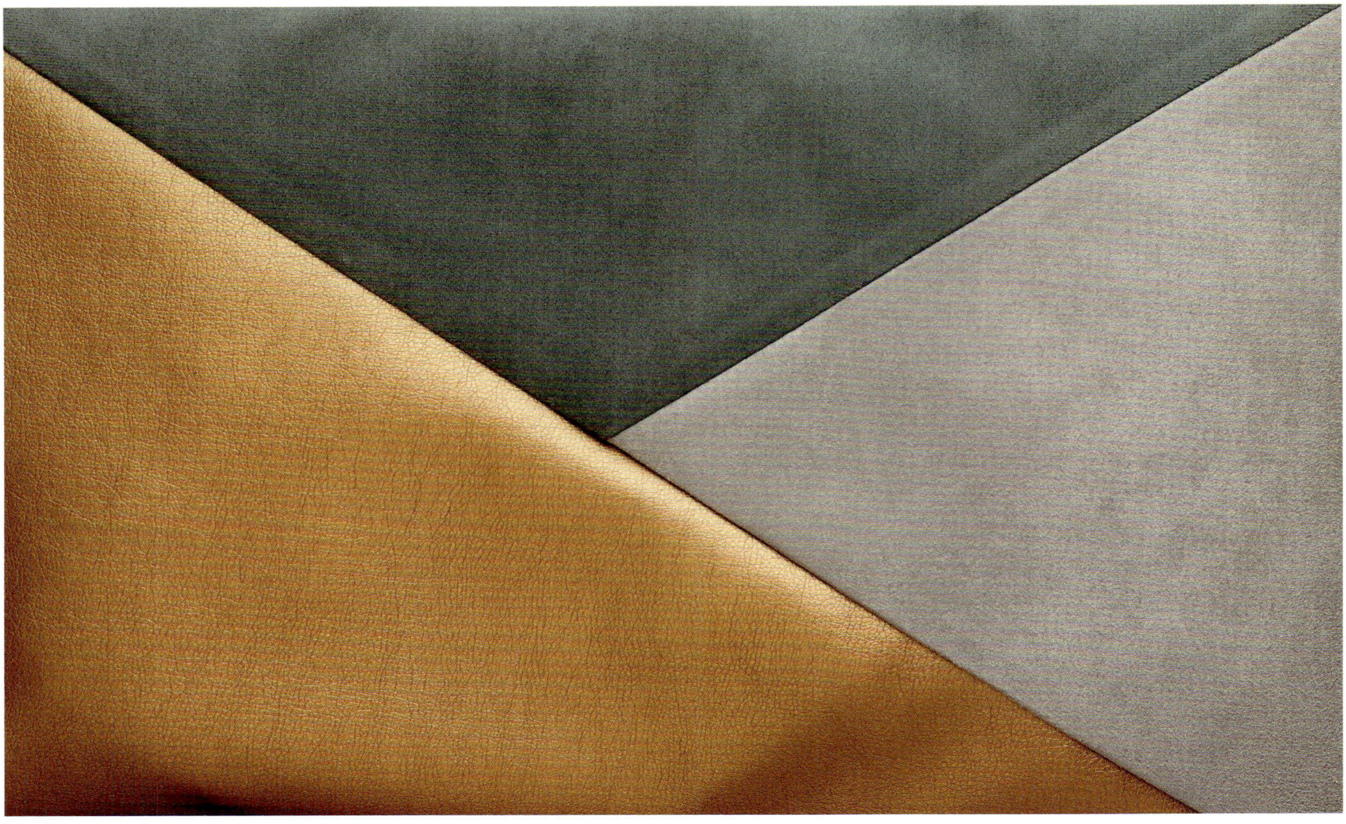

DECKE

IM METALLIC-LOOK

GRÖSSE
130 cm x 170 cm

MATERIAL

o Stoff 1: Velourstoff in Mint,
  60 cm x 140 cm

o Stoff 2: Kunstleder in Kupferoptik,
  60 cm x 140 cm

o Stoff 3: Wildlederimitat in Grau-
  beige, 60 cm x 140 cm

o Stoff 4: Baumwollstoff mit Kunst-
  print, 110 cm x 140 cm

o Stoff 5: Baumwollstoff in Mint mit
  Metallicstreifen, 180 cm x 140 cm

o Farblich passendes Nähgarn

SCHNITTMUSTERBOGEN 1A
Dort findest du den Zuschneideplan.

NAHTZUGABE
Alle Teile mit 1 cm Nahtzugabe
zuschneiden.

ZUSCHNITT
Stoff 1-3:
o je 1x 60 cm x 135 cm
Stoff 4:
o 110 cm x 135 cm
Stoff 5:
o ca. 135 cm x 175 cm (Rückseite)

ANLEITUNG

1. Gemäß Zuschneideplan (siehe Schnittmusterbogen) die Schnittteile 1-4 der Reihe nach rechts auf rechts stecken und zusammensteppen.

2. Nun die so entstandene Vorderseite und die Rückseite rechts auf rechts legen und ringsherum zusammensteppen. Dabei lässt du eine Wendeöffnung von ca. 25 cm offen.

3. Die Decke wenden und die Kanten bügeln. Steppe die Kanten nochmals ringsherum knappkantig ab. Dabei wird die Wendeöffnung automatisch mit geschlossen.

TIPP FÜR MEHR VOLUMEN:

Wenn deine Decke weicher und wärmer werden soll, kannst du sie noch mit einem Vlies zwischenfüttern.

Nadel und Faden halten die Seele zusammen

TASCHE

TOTE BAG

GRÖSSE

45 cm x 40 cm

MATERIAL

- o Stoff 1: Kunstleder in Kupferopik, 50 cm x 130 cm
- o Stoff 2: Wildlederimitat in Grau-beige, 30 cm x 130 cm
- o Stoff 3: Velourstoff in Mint, 60 cm x 130 cm
- o Stoff 4: Baumwollstoff in Grau, 50 cm x 130 cm
- o Farblich passendes Nähgarn

SCHNITTMUSTERBOGEN 1B

NAHTZUGABE

Alle Teile mit 1 cm Nahtzugabe zuschneiden. An den Teilen der Taschenöffnung 2 cm dazugeben.

ZUSCHNITT

Stoff 1:
- o 1x Taschenboden im Stoffbruch
- o 2x Träger

Stoff 2:
- o 1x Teil 2 (Taschenvorderseite)

Stoff 3:
- o 1x Teil 3 (Taschenvorderseite)
- o 1x Teil 2+3 als ein Teil zu-schneiden (für die Taschenrück-seite)

Stoff 4:
- o 1x Taschenfutter im Stoffbruch, für das Schnittteil Taschenfutter Teil 2, Teil 3 und den Taschenboden zusammenlegen
- o 1x Innentasche
- o 2x Träger

ANLEITUNG

1. Als erstes überträgst du die Markierungen vom Schnitt auf alle Teile.

2. Als nächstes nimmst du dir die Innentasche vor: Die Innentasche an einer Seite zweimal 1 cm umbügeln und die Kante knappkantig absteppen. Anschließend die anderen Seiten und die Unterkante 1 cm breit umbügeln, die Innentasche auf das Futterteil stecken und an den Seiten und der Unterkante knapp aufsteppen.

3. Nun kommt das Futter an die Reihe: Das Futterteil am Stoffbruch rechts auf rechts falten und die Seitennähte schließen. Die Nahtzugaben auseinanderbügeln. Den Taschenboden steppst du, indem du die auseinandergebü-

gelte Seitennaht auf den Stoffbruch faltest und mit 1 cm Nahtzugabe steppst.

4. Für die Außentasche widmest du dich zunächst dem Vorderteil: Dazu Schnittteil 2 und 3 an den Markierungen rechts auf rechts zusammenstecken und steppen. Nun Taschenvorder- und -rückteil jeweils rechts auf rechts an den Taschenboden stecken und steppen. Die Nahtzugaben steppst du von rechts knappkantig ab. Dann die Seitennähte der Außentasche schließen und den Taschenboden steppen, wie für die Futtertasche in Schritt 3 beschrieben.

5. Für die Träger je ein Trägerteil aus Kunstleder und Futterstoff rechts auf rechts legen, steppen,

wenden und von der rechten Seite knappkantig absteppen. Anschließend die Träger rechts auf rechts an den Markierungen auf die Außentasche stecken und mit 1 cm Nahtzugabe feststeppen. Achte darauf, dass du die Träger nicht verdreht annähst.

6. Jetzt kannst du die Außentasche rechts auf rechts in die Futtertasche stecken und die Taschenöffnung mit 2 cm Nahtzugabe zusammensteppen. Dabei eine Wendeöffnung zwischen den Trägern lassen. Die Tasche wenden, die Taschenöffnung bügeln und nochmals knappkantig absteppen, dabei wird die Wendeöffnung mit geschlossen.

TIPPS FÜR VERARBEITUNG & VARIATONEN:

Wenn du sehr dünne oder zarte Stoffe benutzt, solltest du deine Schnittteile zur Stabilisierung mit Vlieseline verstärken.

Die Innentasche kannst du, je nachdem was du darin unterbringen möchtest (Telefon, Geldbörse, Schlüssel ...?), größer oder kleiner machen.

WELCHER #NÄHLIEBE-TYP BIST DU?

nähst du lieber ...

1. Webstoff oder Jersey?

☐ Webstoff

☐ Jersey

2. Bekleidung oder Accessoires?

☐ Bekleidung

☐ Accessoires

3. Für dich selbst oder andere?

☐ für mich

☐ für andere

4. Mit Muster oder Uni?

☐ Muster

☐ Uni

5. Frei oder nach Anleitung?

☐ frei

☐ nach Anleitung

6. Bunt oder einfarbig?

☐ bunt

☐ einfarbig

7. Für Kinder oder Erwachsene?

☐ Kinder

☐ Erwachsene

8. Alleine oder gemeinsam mit anderen?

☐ allein

☐ gemeinsam

ich mäh'
mir meine
Welt
wie sie
mir
gefällt

MEINE WELT

was ist deine Superkraft?

ich nähe:

BEATE MANNES

Beruf Modedesignerin   beprettybybeate   Ⓑ www.beatesbunter-blog.blogspot.de
Berufung Nähen, Häkeln, Stricken, Basteln ...

Wie hat deine #nähliebe begonnen, was war dein erstes Projekt?

Meine Nähliebe hat mit 14 Jahren begonnen. Mein erstes Projekt war eine Regenhose aus Duschvorhangstoff.

Was ist deine liebste Näh-Weisheit?

Nähen macht glücklich!

Nähen verbindet – hast du schon Näh-Freundschaften geschlossen?

Durch das Bloggen habe ich eine Freundin kennengelernt, mit der ich jetzt schon seit zehn Jahren befreundet bin. Wir sehen uns auch regelmäßig und tauschen neue Ideen und Stoffe.

Gibt es ein Modell, das du immer und immer wieder nähst?

Besonders gerne nähe ich kleine Täschchen, z.B. für Kosmetika. Die lassen sich immer wieder neu variieren.

Was war dein schlimmster Näh-Fehler?

Ich habe mal einen Ärmel in den Halsausschnitt genäht, den ich dann mühsam wieder heraustrennen musste.

entweder/oder:

NÄHST DU LIEBER...

Webstoff oder Jersey?

Lieber Webstoff

Bekleidung oder Accessoires?

Accessoires

Für dich selbst oder andere?

Für andere

Mit Muster oder Uni?

Auf jeden Fall mit Muster

Frei oder nach Anleitung?

Mal so mal so, ich finde beides prima.

NOTIZ-BLOCKHÜLLE

IM BLUMENDESIGN

GRÖSSE
13 cm x 17,5 cm

MATERIAL
o Stoff 1: Baumwollstoff in Altrosé mit Blümchen, 35 cm x 15 cm
o Stoff 2: Baumwollstoff in Bleu mit Punkten, 85 cm x 15 cm
o Stoff 3: Baumwollstoff in Bleu mit Blümchen, 35 cm x 20 cm
o Aufbügelvlies H 250, 60 cm x 20 cm
o Webband mit Zacken, 30 cm lang
o Kam Snaps-Druckknopf in Türkis
o Farblich passendes Nähgarn

SCHNITTMUSTERBOGEN 1B

NAHTZUGABE
Alle Teile mit 1 cm Nahtzugabe zuschneiden.

ZUSCHNITT
Stoff 1:
o 1x unteres Teil Außenhülle
o 1x Visitenkartentäschchen
Stoff 2:
o 1x oberes Teil Außenhülle
o 2x Einsteckfach
Stoff 3:
o 1x Innenhülle
o 1x Riegel
Vlies:
o 1x Außenhülle
o 1x Einsteckfach
o 1x Visitenkartentäschchen
o 1x Riegel

ANLEITUNG

1. Das obere und untere Teil für die Außenhülle rechts auf rechts aufeinanderlegen und nahtbreit zusammennähen. Die Naht auseinanderbügeln und das Vlies aufbügeln. Dann legst du das Webband auf die Naht und steppst es beidseitig schmalkantig auf.

2. Als nächstes auf ein Teil des Einsteckfachs Vlies aufbügeln. Die Teile für das Einsteckfach rechts auf rechts legen und zusammensteppen. Wenden, bügeln und die obere Kante schmalkantig absteppen.

3. Verstärke jetzt das Visitenkartentäschchen mit Vlies und bügele dann die Nahtzugaben für das Visitenkartentäschchen rundum nahtbreit nach links. Die obere Kante versäuberst du mit Zickzackstich oder der Overlock und steppst sie schmalkantig ab. Nun das Täschchen markierungsgemäß auf das Einsteckfach legen und schmalkantig an drei Seiten aufnähen.

4. Jetzt kannst du das Einsteckfach auf die Innenhülle legen und wie im Schnitt eingezeichnet mit zwei Stepplinien aufsteppen.

5. Für den Riegel Vlies aufbügeln, den Stoff längs falten und nahtbreit zusammensteppen. Den Riegel wenden und an der vorderen schmalen Kante die Nahtzugabe nach innen schieben. Steppe den Riegel rundum schmalkantig ab.

6. Anschließend kannst du die Innenhülle rechts auf rechts auf die Außenhülle stecken. Schiebe den Riegel an der rechten Außenseite mittig 1 cm tief unter die Innenhülle. Dann die Teile rundum nahtbreit zusammensteppen, dabei an der oberen Kante eine ca. 10 cm große Wendeöffnung lassen. Wende die Notizblockhülle und befestige den Druckknopf in Riegel und Hülle.

7. Du kannst die Wendeöffnung entweder von Hand schließen oder die obere Kante schmalkantig absteppen. Dabei wird die Öffnung automatisch mit geschlossen.

PATCHWORK-KISSEN

MIT HERZ

GRÖSSE

40 cm x 40 cm

MATERIAL

o Stoff 1: (A) Baumwollstoff in Rosa mit Blüten, 65 cm x 55 cm

o Stoff 2: (B) Baumwollstoff in Weiß-hellblau, 18 cm x 15 cm

o Stoff 3: (C) Baumwollstoff in Weiß mit grünen Blättern, 30 cm x 15 cm

o Stoff 4: (D) Baumwollstoff in Hell-grün-rosa geblümt, 30 cm x 15 cm

o Stoff 5: (E) Baumwollstoff in Blau-weiß, 45 cm x 15 cm

o Stoff 6: (F, G) Baumwollstoff in Weiß-pink, 45 cm x 25 cm

o Volumenvlies H 630, ca. 40 cm x 40 cm

o Rest Vliesofix

o 2 Knöpfe

o Farblich passendes Nähgarn

SCHNITTMUSTERBOGEN 1A

NAHTZUGABE

Die Nahtzugabe von 1 cm für die Streifen B–F und das Quadrat A ist im Zuschnitt bereits enthalten. Oberes und unteres Rückteil mit 1 cm Nahtzugabe zuschneiden. Die Herzapplikation ohne Nahtzugabe ausschneiden.

ZUSCHNITT

Stoff 1:

o 1x Quadrat A = 16,8 cm x 16,8 cm

o 1x Oberes + unteres Rückteil (Maße s. Zuschnittplan S. 122)

Stoff 2:

o 2x Streifen B = 16,8 cm x 6,2 cm

Stoff 3:

o 2x Streifen C = 25,2 cm x 6,2 cm

Stoff 4:

o 2x Streifen D = 25,2 cm x 6,2 cm

Stoff 5:

o 2x Streifen E = 33,6 cm x 6,2 cm

o 1x Herzapplikation

Stoff 6:

o 2x Streifen F = 33,6 cm x 6,2 cm

o 2x Streifen G = 42 cm x 6,2 cm

ANLEITUNG

1. Schneide als erstes das Quadrat und die Stoffstreifen zu. Dann geht es an das Zusammensetzen der einzelnen Stücke gemäß Zuschnittplan.

2. Zunächst nähst du die oberen und unteren Streifen (B) rechts auf rechts an das Quadrat. Aufklappen und bügeln. Dann kommen die seitlichen Streifen (C) rechts auf rechts an das Quadrat. Und wieder aufklappen und bügeln. So machst du weiter, bis alle Streifen nach Zuschnittplan aneinandergenäht sind.

3. Bügele nun auf die linke Seite des Vorderteils Volumenvlies auf. Dann schneidest du das Herz für die Applikation zu, bebügelst es mit Vliesofix und fixierst es mittig auf dem Quadrat. Das Herz kannst du rundum mit einem engen Zickzackstich aufsteppen.

4. Jetzt kommen das obere und untere Rückteil an die Reihe: Schneide sie zu und bügele jeweils eine Querseite zuerst 1 cm nach links um, dann nochmal 3 cm breit, und steppe den Saum für deine Knopflochblende schmalkantig fest.

5. In das obere Rückteil zwei Knopflöcher arbeiten. Anschließend oberes und unteres Rückteil in der Breite der Knopflochblende übereinanderlegen und an den Seiten zusammennähen.

6. Jetzt kannst du die Knöpfe annähen und zuknöpfen. Lege dann das Rückteil rechts auf rechts auf das Vorderteil. Rundum nahtbreit zusammennähen. Knöpfe öffnen, das Kissen auf rechts wenden und bügeln.

ZUSCHNITTPLAN Vorderteil

Rückteil

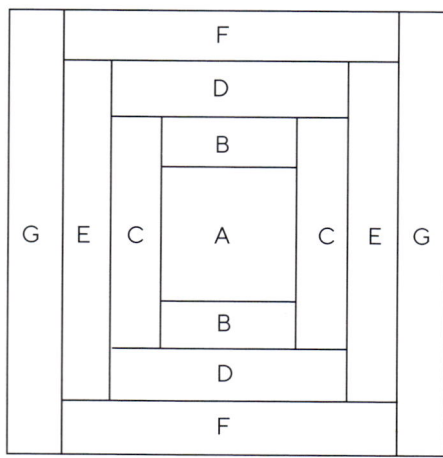

WOLL-TÄSCHCHEN

MIT VOGEL-APPLIKATION

GRÖSSE

20 cm x 12 cm

MATERIAL

o Stoff 1: Wollstoff in Braun-beige mit Fischgrat, 50 cm x 15 cm
o Stoff 2: Baumwollstoff in Beige gemustert, 50 cm x 15 cm
o Stoffreste in Grün gemustert und Türkis gepunktet
o Vlies H 200, 50 cm x 15 cm
o Rest Vliesofix
o Reißverschluss in Grün, 20 cm lang
o Strang Sticktwist in Türkis
o 6 Straßsteine, ø 1 cm
o Textilkleber
o Reststück bunte Kordel und Band für den Zipper
o Farblich passendes Nähgarn

SCHNITTMUSTERBOGEN 1A

NAHTZUGABE

Die Teile für das Täschchen mit 1 cm Nahtzugabe zuschneiden. Die Applikation ohne Nahtzugabe ausschneiden.

ZUSCHNITT

Stoff 1:
o 2x Täschchen

Stoff 2 (Futter):
o 2x Täschchen

Stoffrest in Grün:
o 1x Applikation Vogel

Stoffrest in Türkis:
o 1x Applikation Herz

Vlies:
o 2x Täschchen

Vliesofix:
o 1x Applikation Vogel + Herz

A N L E I T U N G

· · · · · · · · · · · · · · · · · · ·
· · · · · · · · · · · · · · · · · · ·

1. Auf die Außenteile für das Täschchen bügelst du zum Verstärken das Vlies auf die linken Seiten. Danach kannst du die Teile für die Vogelapplikation, wie im Schnitt eingezeichnet, mit Vliesofix auf ein Taschenteil aufbügeln.

2. Mit der Nähmaschine mit schwarzem Garn den Vogel aufnähen. Setze dazu jeweils drei Nähte ungleichmäßig nebeneinander. So bekommt dein Vogel seinen Shabby-Look.

3. Lege jetzt den Reißverschluss mit den Zähnchen nach unten auf die obere Kante einer Außenseite. Darüber kommt rechts auf rechts die Futterseite. Nähe die obere Kante entlang der Reißverschlussraupe mit einem Reißverschlussfüßchen zusammen. Die Teile anschließend auseinanderklappen und die Gegenseite genauso annähen. Den Reißverschluss bis zur Hälfte öffnen.

4. Klappe jeweils die Außenseiten und die Futterseiten rechts auf rechts aufeinander. Die Stoffkanten des Reißverschlusses zeigen dabei zur Futterseite. Die vier Seiten rundum nahtbreit zusammen-

nähen, dabei an der Futterseite unten eine Wendeöffnung von ca. 7 cm lassen.

5. Das Täschchen wenden, die Ecken ausformen und die Öffnung unsichtbar von Hand schließen.

6. Zum Schluss kannst du das Vorderteil mit dem Sticktwist und einem Schlingstich umsticken. Klebe die Strasssteine auf und knote die Bändchenreste an den Zipper.

IMPRESSUM

Der Freischalt-Code für die Vorlage lautet: 17494

Wir danken der Firma Hilco Textil GmbH, Leinfelden-Echterdingen, für die Bereitstellung des Jerseys auf Seite 8–19.

Stoffdesign: Petra Laitner, petralaitnerdesigns

Fotos: frechverlag GmbH, 70499 Stuttgart, S. 22/23, 38/39, 54/55, 72, 82, 94/95, 114/115 jeweils privat; lichtpunkt, Michael Ruder, Stuttgart (alle übrigen)

Modelle: Pauline Dohmen (Seite 6–19); Anke Müller (Seite 22–35); Miriam Dornemann (Seite 38–51); Desireé Schmitt (Seite 54–69); Petra Hofer (Seite 72–81); Amelie Roggenstein (Seite 82–93); Julian Fiege (Seite 94–112); Beate Mannes (Seite 114–127).

Artworks Handlettering: Kirsten Albers

Produktmanagement: Eva-Barbara Zirn

Lektorat: Anja Fuhrmann

Gestaltung: Tatjana Ströber

Druck und Bindung: Neografia, Slowakei

2. Auflage 2018

© 2018 frechverlag GmbH, Turbinenstraße 7, 70499 Stuttgart

ISBN 978-3-7724-8130-7 · Best.-Nr. 8130